Krishnamurti

Leben ohne Illusionen

Reden in Saanen 1980

Samsara

ISBN 3-89256-057-9

2. Auflage
4.–6. Tausend

Druck: H. Mühlberger GmbH, Augsburg

Öffentliche Reden in Saanen 1980

1. öffentliche Rede
6. Juli 1980

Wir wollen uns in diesen Reden mit dem Gesamtproblem des menschlichen Daseins befassen. Bitte werden Sie nicht ungeduldig, wenn ich manches wiederhole, was früher schon gesagt wurde. Wir werden uns Fragen der Meditation, der Liebe, des Mitleids, der Angst und Schmerzen des Menschenlebens mit all seinem Leid, Terror und seiner Gewalt zuwenden.

Es wird immer klarer, daß nicht Umweltprobleme, Hungertod und Armut oder die allgemeine Ungerechtigkeit das eigentliche Anliegen sind sondern die Tatsache, daß die Menschen selber mehr und mehr zum Terror dieser Welt werden. Es sind die Menschen, die einander zerstören. Sie spalten sich durch zerstörerische trennende Vorgänge in Klassen und Nationalitäten. Die Kommunisten und Sozialisten und alle Politiker werden niemals die Welt verändern. Auch nicht die Wissenschaftler noch die Astrophysiker, die das Universum erforschen. Sie werden auch nicht die Lösung finden. Und auf diese Weise bringen wir Menschen großes Chaos in die Welt. Wir sind zu einer gegenseitigen Gefahr geworden; denn uns trennen die organisierten Religionen, die Glaubensbekenntnisse und Dogmen mit ihren Ritualen, dieser ganze Unsinn. Kriege, Kriegsvorbereitungen und Atombomben - Sie alle kennen den ganzen Schrecken dieser Welt.

Und einige unter uns versuchen, all dem zu entfliehen. Sie ziehen sich in kleine Kommunen zurück, treten in

Klöster ein oder werden zu Anhängern asiatischer Gurus fern von dieser ungeheuerlichen Welt. Aber auch sie können unmöglich die Probleme lösen. Sie können dem, was ist, nicht entfliehen. Und auch die Ideologien haben den Menschen keineswegs geholfen. Im Gegenteil. Die kommunistische Ideologie, sowie die der Hindus, der Buddhisten, der Christen spalten und zerstören die Menschen. Und wegen dieser großen allgemeinen Verwirrung verschreibt man sich einer Sache, einer Gruppe, einer Idee, einem Guru. Dahinter steht das menschliche Verlangen nach Abhängigkeit, das Bedürfnis, sich auf eine Person verlassen zu können, an einen Glauben, an Ideen und Konzepte zu binden.

Hoffentlich können wir während dieser Reden über all das sachlich nachdenken. Nicht indem wir argumentieren, nicht indem jeder seine Meinung gegen eine andere verteidigt, sondern indem wir – Sie und der Redner, gemeinsam nachdenken.

Man kann unmöglich klar denken, wenn man an eine Erfahrung gebunden ist und daran festhält. Wenn Sie sehr gebildet, sehr belesen sind, bewandert in Philosophien, Theorien oder mit Idealen befaßt – egal ob marxistischer oder christlicher Prägung oder gemäß den Schriften der Hindus – dann können wir nicht gemeinsam denken. Das ist klar. Wenn Sie nämlich sehr gebildet sind, an einem Glauben oder an einer bestimmten Erfahrung festhalten, die Sie gemacht haben, wie kann man dann gemeinsam nachdenken? Es sind gerade diese Erfahrungen, Schlußfolgerungen und dieser Glaube, die den Gedankenaustausch verhindern. Wenn es Ihnen also möglich ist, lassen Sie diese bitte beiseite, damit wir einander begegnen können.

Der Sprecher hat keinen Glauben, keine Wertvorstellungen, gehört auch keiner Gruppe oder Religion an. Er versucht auch nicht, Propaganda zu machen oder Sie zu einer bestimmten Denkrichtung zu überreden, noch Sie von der Richtigkeit seiner Aussage zu überzeugen. Darüber müssen wir uns klar sein.

Es wird hier keine Gläubigkeit von Ihnen verlangt. Es gibt hier keine Anhänger, keinen Kult, nichts von Überredung. Nur so können wir uns auf demselben Boden, der gleichen Ebene treffen. Und dann können wir gemeinsam das außergewöhnliche Phänomen des menschlichen Daseins betrachten. Ich hoffe, das ist klar.

Warum leben die Menschen, die seit 10 Millionen Jahren auf dieser Erde sind, nach einer so langen Zeit der Erfahrungen und Leiden immer noch nach dem gleichen Schema?

Was stimmt da nicht? Was ist mit Herz und Verstand des Menschen nach diesen Jahrmillionen geschehen? Ich weiß nicht, ob Sie sich diese Frage schon gestellt haben. Warum sind wir nach Jahrmillionen der Evolution, in denen wir enormes Wissen und Erfahrungen gesammelt haben, immer noch dieselben? Warum leiden wir immer noch, hassen einander immer noch, leben in persönlichen Illusionen? Warum sind wir stammesgebunden, setzen uns für Nationalitäten ein? Wo liegt die Ursache hierfür? Es hat Tausende von Philosophen gegeben, die Vergangenheit ist voller frommer Lehrer jeder Art, christliche Theologen und in Asien die Pandits, die Gelehrten und einige sogenannte Heilige, die in Wirklichkeit gar keine Heiligen sondern vielleicht Neurotiker waren. Aber dieses große gespeicherte Wissen hat offensichtlich keines unserer Probleme gelöst.

Es ist eine sehr ernste Frage, warum die Menschen auf diese Weise fortfahren. Was für eine Ursache hat das?

Vom Anbeginn der Zeit lebte der Mensch im Konflikt mit seiner Umwelt, seinen Nachbarn, mit seiner Frau. Von Anfang an gab es ständig Kampf und Streit, endloses Elend und Leid von Generation zu Generation. Das ist keine Übertreibung, das ist eine Tatsache.

Wir studieren die Geschichte des Menschen, die wahrhaftig eine Geschichte seiner Gewalttätigkeit, seiner Kriege, seiner Landnahme für sich und seine Familie ist. Seit jeher ist der Mensch zerstörerisch. Die Religionen haben versucht, ihn zu zähmen, ihn etwas friedlicher, sanfter, rücksichtsvoller zu machen. Aber offensichtlich hatten sie weder in der christlichen Welt noch woanders Erfolg damit. Und vielleicht hat die christliche Welt mehr Menschen vernichtet als irgendeine andere Rasse. Sie sprechen von Liebe und Frieden und sind für den Mord an Millionen von Menschen verantwortlich. Die asiatische Welt mit ihrem Aberglauben und ihren zahllosen Gottheiten war nicht so gewalttätig. Ihre Religion verbietet ihnen das Töten. Aber wenn die Umstände sie zwingen, töten sie auch, sind sie ebenso zerstörerisch wie der Westen.

Wenn man das sieht und darüber nachdenkt, fragt man sich, warum das nach Millionen von Jahren so ist. Was ist mit dem menschlichen Geist los?

Das Gehirn hat sich im Verlauf der Zeit entwickelt. Ihr Gehirn ist das Ergebnis von Jahrtausenden. Es ist nicht Ihr besonderes, Ihr individuelles Gehirn, obgleich wir das meinen. Sorgfältige Nachforschung ergibt, daß es rassisch und genetisch das menschliche Gehirn ist, das sich mit der Zeit entwickelt hat. Dabei folgt es bestimmten Lebensmustern, immer auf der Suche nach physischer und psychologischer Sicherheit. Sein vorherrschendes Verlangen war zu jeder Zeit, Sicherheit zu finden. Um jeden Preis.

Ist das die Ursache für das gegenwärtige Chaos, Elend, den Terror? Ist die Ursache dieses ewige Verlangen nach persönlicher Sicherheit? Obgleich jedes individuelle Gehirn das Ergebnis der großen Evolution ist, ist es doch nicht Ihr Gehirn, sondern das menschliche Gehirn. Und dieses Gehirn sucht innen wie außen nach Sicherheit. Ist das die Ursache für das schreckliche Chaos in der Welt?

Jede Ursache schließt die Möglichkeit in sich ein, daß sie ein Ende hat. Verstehen Sie das? Man kann die Ursache körperlicher Schmerzen beenden, wenn man sie entdeckt. Auch die Ursache psychologischer Störungen und Leiden kann man entdecken und beenden.

Wo also eine Ursache, ein Anfang ist, ist auch ein Ende. Und liegt nicht nach diesen Jahrtausenden die Ursache für unseren gegenwärtigen Verfall im Abgetrenntsein des Individuums?

Das ist eine sehr ernste Sache: wir versuchen, gemeinsam zu entdecken, ob es eine Ursache für dieses schreckliche Chaos, die Unsicherheit, diesen Terror, die Kriege gibt. Eine Grundursache. Und wenn man diese entdekken könnte durch eigene Beobachtung – nicht dadurch, daß es jemand Ihnen sagt und Sie dem zustimmen – sondern wenn Sie das selber entdecken könnten, dann würde Sie das von der Ursache und von der Wirkung befreien. Sind also dieses Durcheinander und das Elend eine Folge der Suche nach Sicherheit, die das menschliche

Gehirn auf allen Ebenen des Lebens betreibt? Ist das die Ursache? Man braucht Sicherheit im physischen Bereich. Man braucht Kleidung, Essen, ein Dach über dem Kopf. Aber gibt es im Innern, im psychologischen Bereich denn Sicherheit? Vielleicht sucht man danach. Aber liegt nicht die Ursache des Chaos in dieser Idee, daß jeder von uns eine getrennte Wesenheit ist, da wir niemals die Tatsache erkannt haben, daß das Gehirn eines jeden von uns das allen Menschen gemeinsame Gehirn ist. Es ist möglich, daß das Verlangen nach Sicherheit die Vorstellung von der Individualität hervorgebracht hat, die Idee vom Ich und Du. Wir als Gruppe gegen eine andere Gruppe. Oder gibt es noch eine andere Ursache: Ideen, Ideale, d.h. die Substanz des Wissens? Das ist etwas schwierig. Verstehen wir uns bis hierher?

Das technologische Wissen hat überragende Bedeutung erlangt. Wenn man ein guter Zimmermann werden will, muß man Jahre damit verbringen, Wissen über Holz, Werkzeug und Design sich anzueignen. Dann wendet man dieses Wissen in der Praxis an. Und als Student wird viel Wissen von Ihnen verlangt. Sie müssen Bücher lesen, das Gelesene im Gedächtnis behalten und dem Wissen als solches viel Bedeutung beimessen. Und Sie meinen, daß Sie durch die Speicherung von Wissen eines Tages in den Himmel kommen. Das Wissen des Chirurgen, eines Philosophen, Wissen nicht nur über äußere Dinge sondern auch über die psychologische Struktur des Menschen, seines Gemüts. Ist dieses Wissen die Ursache der gegenwärtigen Misere?

Ich spreche hier nicht, um Sie zu unterhalten. Dafür gibt es Kinos, Fußball, Tennis. Es gibt jede Art von Unterhaltung draußen. Das hier ist weder eine intellektuelle noch eine spirituelle Unterhaltung. Es ist weder romantische noch emotionelle Schaumschlägerei! Wir befassen uns mit einer sehr ernsten Frage, nämlich der, warum die Menschen mit diesem nach so vielen Jahrtausenden gespeicherten Wissen immer noch dieselben sind, ein wenig aufgeklärter vielleicht. Aber da ist die gleiche psychologische Brutalität, Grausamkeit nicht nur gegen einander, sondern auch gegen die Umwelt, gegen die Tiere. Warum? Was ist mit uns geschehen? Verstehen Sie meine Frage?

Wie schon gesagt, in der Ursache ist das Ende dieser Ursache miteingeschlossen. Wenn wir nur dieses Prinzip verstehen können! Wenn Sie Zahnschmerzen haben, hat das eine Ursache, und damit ist die Möglichkeit gegeben, die Schmerzen zu beenden. In ähnlicher Weise gibt es auch ein Ende der psychologischen Ursachen. Bitte, verstehen Sie das. Kriege haben eine Ursache ökonomischer oder nationaler Art, sind Frage von Prestige und Macht. Die Ursache der Kriege liegt in der Spaltung in Nationalitäten, Ideologien, in Totalitäre und Nicht-Totalitäre, in Demokraten, sog. Demokraten und Autokraten. Und wenn man erkennt, daß das Resultat dieser Spaltung Kriege sind, daß der Krieg eine Ursache hat, dann kann der Krieg aufhören. Aber es scheint so, als wolle niemand damit aufhören. Wenn wir nur dieses Prinzip, die Wahrheit verstehen können, daß jede Ursache enden kann!

Wir wollen entdecken, versuchen gemeinsam zu beobachten, was die Ursache für diese Vorgänge in unserem Leben ist. Was ist im wesentlichen diese Ursache? Gingen vielleicht Mann und Frau, als sie als Menschen begannen, in eine falsche Richtung? Bitte, fragen Sie mit mir: warum müssen wir leiden? Wenn der Mensch Gottes Geschöpf ist, muß Gott schrecklich, ein ungeheuerliches Wesen sein, das den Menschen durch so eine Hölle gehen läßt. Wenn Er uns geschaffen hat, muß Gott totale Unordnung sein, weil wir in Unordnung leben. Wir bringen uns gegenseitig mit Terror, Bomben, Kidnapping um. Wenn er uns nach seinem Bild geschaffen hat, muß dieses Bild grausam sein. Doch ist es klar, daß der Mensch selber verantwortlich ist. Niemand außer uns selber - keine Gottheiten, keine Engel, kein Brahma oder höheres Wesen - niemand anders ist für uns verantwortlich. Wir selber sind verantwortlich. Und wo liegt die Ursache für die Unordnung? Ist Selbstsucht die Ursache? Ist gespeichertes Wissen die Ursache? Es ist klar, daß Wissen notwendig ist. Man braucht Wissen, wenn man ein Auto fahren, eine Sprache lernen will, mit der Elektronik arbeiten will. Aber was ist mit dem psychologischen Wissen, das durch Generationen hindurch gespeichert wurde? Ist das die Ursache? Liegt es vielleicht daran, daß Wissen psychologisch in Vorstellungen, in meinen und Ihren Glauben übertragen wurde? Wenn Sie wirklich zutiefst daran interessiert sind, müssen Sie fragen, warum sogenannte zivilisierte Menschen mit großartiger Chirurgie, ausgezeichneter Kommunikation usw. im Innern, sozusagen unter der Haut, im Psychologischen zu den gefährlichsten Wesen auf Erden geworden sind. Gelegentlich mögen wir freundlich, lieb und selbstlos sein, aber diese abgetrennte, individuelle Selbstlosigkeit hat das Problem nicht gelöst. Nicht Armut, Hunger oder Krankheit sind das Problem. Wir selber, unser Bewußtsein, ist das Problem.

Wie wollen wir also die Ursache dieses Verfalls, dieser großen Grausamkeit, Bestialität und Gleichgültigkeit entdecken? Wie wollen wir das entdecken? Indem es der Sprecher Ihnen sagt? Ich weiß, daß Sie das möchten. Das wäre am einfachsten, nicht wahr? Denn wir suchen immer nach dem bequemsten Weg. Aber der Sprecher kann und will es Ihnen nicht sagen. Und wo sind Sie dann? Bitte, weichen Sie nicht aus, denn Sie sind mitverantwortlich dafür, daß sich die Welt in diesem Zustand befindet. Wenn Sie lieben, haben Sie großes Mitleid in Ihrem Herzen. Trotzdem bleibt diese Frage offen. Vielleicht folgen Sie auch jemandem, einem asiatischen Guru. Je romantischer, desto unsinniger sind sie. Keiner hat je diese Frage gestellt oder beantwortet. Es gibt Theorien. Die Hindus haben sich damit beschäftigt und Theorien aufgestellt. Die Christen sprechen von der Erbsünde, einer sehr bequemen Theorie, aus der der Erlöser und alles übrige hervorgeht.

Wie wollen Sie das also als Mensch, der sich verantwortlich fühlt, herausfinden? Unser Gehirn, unsere ganze psychologische Struktur ist das Ergebnis von Jahrmillionen. Diese Struktur gehört nicht Ihnen allein. Jeder andere Mensch in dieser Welt IST diese Struktur. Die Menschen leiden in China, im Fernen und Nahen Osten ebenso wie Sie hier im Westen. Sie sind grausam, es mangelt an Zuneigung und Behutsamkeit. Es gibt Scheidungen. Und es gibt jede Art von Brutalität. Und jeder von uns hat daran teil. Und wenn Sie sich für alles verantwortlich fühlen, und das müssen Sie, wenn Sie bewußt und wach dem Weltgeschehen gegenüber sind - wie wollen Sie das dann untersuchen, entdecken?

Verstehen Sie meine Frage? Sind Sie ernsthaft genug, Ihre Zeit, Ihr Herz und Ihren Verstand für diese Entdekkung einzusetzen? Nicht dafür, wie man meditiert. Das kommt viel später. Auch nicht, was Yoga ist. Auch darüber kann man später sprechen. Aber es ist viel wichtiger, die Ursache zu entdecken, denn wenn man sie findet, hört sie auf. Wenn es gelingt, die Ursache des Leidens jedes Menschen dieser Welt zu entdecken, hört das Leiden auf.

Warum gibt es solchen Konflikt zwischen den Menschen? Was ist die Ursache dafür? Der Konflikt endet, sobald sie die Ursache gefunden haben. Er endet nicht mit Hilfe der Zeit. Wenn man nämlich sagt: Ich brauche Zeit, um die Ursache zu entdecken, und eine Woche in Meditation verbringt, während der man darüber nachdenkt und diskutiert, dann heißt das, man braucht Zeit, um die Ursache zu finden. Unsere Gehirne sind das Ergebnis der Zeit. Das ist die Evolution. Von der kleinen Mikro-Zelle bis zu diesem enorm komplizierten Menschen waren Jahrtausende von Zeit notwendig, um zu diesem Stadium zu gelangen. Und wir denken in Zeitbegriffen, nämlich: wie kann ich die Ursache finden? Und jetzt werden wir Zeit damit verbringen, darüber zu diskutieren. Oder können Sie sich von der Zeit lösen und beobachten? Geben Sie zu, daß Ihr Gehirn das Ergebnis von Zeit ist? Ja? Im Säugling ist es noch klein, aber während es wächst, sammelt es Kraft und Vitalität. Je mehr Blut ins Gehirn strömt, desto mehr wächst es. Das ist der menschliche Prozeß, und dieser ist uns allen gemeinsam. Es ist nicht Ihr eigener Prozeß für Ihr kleines, unwichtiges Gehirn. Es ist das Gehirn der ganzen Menschheit, das leidet, entwirft, kalkuliert, Vorstellungen erzeugt, Götter erschafft. Das Ganze gehört uns allen gemeinsam.

Die Zeit ist das Muster, nach dem das Gehirn lebt. Beobachten Sie, wie Ihr eigenes Gehirn handelt, wie es denkt.

Die Wissenschaftler untersuchen die Materie und wollen durch diese Erforschung das Höchste finden. Sie sind Materie, Ihr Gehirn ist Materie. Aber sie erforschen das Äußere, sie beginnen nicht bei sich selber. Wenn sie in sich selber nachforschen würden, kämen sie auf etwas, das phantastisch ursprünglich und kreativ und jenseits von aller Zeit ist. Aber dazu muß man sich selber beobachten und sehr viel Energie investieren. Doch das will niemand machen. Es ist nicht beliebt. Es bringt nichts ein, kein Geld, keine Position, keine Macht, keinen Status. Aber nur durch sich selber, die Sie Materie sind, können Sie das finden, was am Anfang aller Dinge steht.

Wir fragen also: Was ist der Weg, auf welche Art kann man die Ursache finden? Oder gibt es mehrere Ursachen? In den letzten 20 oder 60 Jahren hat man als Individuum Wissen gespeichert in Form von meiner Erfahrung, meines Glaubens, meines Bewußtseins. Diese Erfahrung, die letztlich psychologisches Wissen ist, das ich gesammelt habe, ist das die Ursache? Ist das zu abstrakt? Es ist nicht abstrakt. Es ist nicht etwas, das Sie in einem Buch lesen und feststellen, nicht etwas, das manche Philosophen erfinden und das Sie dann lesen, es bejahen oder verneinen. Das ist eine Wirklichkeit, der Sie jetzt gegenüberstehen. Kein Konzept, keine Idee. In unserem täglichen Leben haben wir es mit der Wirklichkeit zu tun. Und die ist so ungeheuer kompliziert.

Ist das Denken die Ursache für diese sich ausbreitende Grausamkeit des Menschen, für sein Verhalten, seine Eitelkeiten, seine Brutalität allem gegenüber? Denken und Wissen gehen Hand in Hand. Wissen ist immer mit Unwissenheit verbunden. Das heißt: Wissen kann niemals vollständig, allumfassend sein. Daher bleibt es immer im Schatten der Unwissenheit. Das ist logisch. Es gibt kein vollständiges Wissen über irgendetwas, selbst nicht in bezug auf Computer oder auf Ihre Frau, Ihren Mann oder wer es auch sei. Wissen ist immer im Schatten der Unwissenheit. Ist also das Denken, das das Kind des Wissens ist, die Ursache? Im Büro, in der Fabrik oder zu Hause, wenn Sie kochen, müssen Sie denken. Was immer man körperlich tut, man braucht dazu ein bestimmtes Wissen. Aber ist Wissen im Psychologischen überhaupt nötig? Ist das Denken der Ursprung, die Ursache dieses Daseins mit seinem Chaos, seinem Elend, seinem Durcheinander und seiner Unsicherheit? Wenn das Denken die Ursache ist, kann es aufhören. Wo eine Ursache ist, gibt es ein Ende. Wo ein Anfang ist, ist auch ein Ende. Wenn das Denken die Ursache für den Zustand ist, in dem sich die Welt befindet, dann kann das beendet werden. Und mit dem Ende gibt es einen neuen Anfang, der ganz etwas anderes ist als das, was das Denken zusammengefügt hat.

Der Sprecher hat sich sein ganzes Leben lang sehr eingehend mit diesen Dingen befaßt, und er ist dabei an einem Punkt angelangt, wo er für sich selber die Ursache gefunden, erkannt hat. Erst wenn man die Ursache und das Ende der Ursache entdeckt hat, beginnt die Meditation. Meditation ist nicht der Versuch sich zu konzentrieren, Methoden und Systemen zu folgen versuchen. Meditation stellt sich natürlich und ungeladen ein, wenn man die Ursache beendet hat. So wollen wir auf demselben Weg, auf demselben Pfad - nicht auf Ihrem oder meinem Pfad - sondern auf dem Pfad der Intelligenz gehen, Intelligenz, die weder die Ihre noch die des Sprechers ist. Wenn die Ursache entdeckt wird, ist die höchste Intelligenz da, die ihrer wahrhaftigen Natur nach mitleidige Liebe ist.

Vielleicht gibt es nur diese eine Ursache und keine andere, nämlich das Denken. Der Mensch befaßt sich nie mit dieser Frage des Denkens an sich. Die Wissenschaftler fangen eben erst mit dieser Forschung an. Die Alten Hindus haben sich bis zu einem gewissen Punkt damit beschäftigt. Aber wir, die gewöhnlichen Leute mit unseren Kümmernissen und Schmerzen, unseren täglichen Problemen und Ängsten und Bindungen, wir stellen diese Frage: Ist das alles die Folge des Denkens? Das Denken hat die Welt, in der wir leben, geschaffen. Manches davon ist von großer Schönheit: die wunderbaren Kathedralen, die Moscheen, die Tempel, die Dichtung, die Literatur. Und Gott, der in den Kathedralen, Moscheen und Tempeln wohnen soll, ist vom Denken dahin verwiesen worden.

Vor einigen Jahren hielt der Sprecher Reden in Indien und folgte zufällig Mahatma Gandhi, der damals sagte, daß jeder in die Tempel durfte. (Zu jener Zeit war es nur Brahmanen gestattet, die Tempel zu betreten). Und er sagte: "Gott ist im Tempel. Jeder darf eintreten." Der Sprecher besuchte in der nächsten Woche die gleiche Stadt, und so fragte man ihn, um ihn hereinzulegen: *Was meinen Sie? Sollte es Nicht-Brahmanen erlaubt sein, die Tempel zu betreten?* Die Antwort war sehr einfach: *Gott lebt nicht in Tempeln. Wenn es ihn überhaupt gibt, dann woanders, ganz außerhalb des menschlichen Denkens.* Aber ihnen gefiel das nicht. Deshalb geht alles so weiter.

Wenn das Denken die Ursache dieses Chaos ist, kann es enden und etwas völlig Neues beginnen. Und es ist Ihre Verantwortung als Menschen, nicht als Individuum, sondern als Mensch, eines Menschen, der in China, in Indien, in der asiatischen Welt, in der arabischen Welt im Nahen Osten oder im Westen lebt - *dieser* Mensch stellt diese Frage. Ist das die Ursache? Und wenn das die Ursache ist, wie kann man sie auflösen und damit beenden? Aus ihrem Ende erwächst ein neuer Anfang, ein ganz neuer Anfang, der die wahre Revolution ist, nicht die der Kommunisten oder die der Terroristen. Was ist Eure Verantwortung, und was ist Eure Antwort auf diese Frage?

Gemeinsam werden wir uns in diesen Reden gegenseitig helfen, um das zu entdecken. Damit Sie es entdecken, damit Sie kein Anhänger werden, damit Sie keine Autorität über sich dulden, die Ihnen sagt, was Sie denken oder tun sollen. Dann sind Sie ein vollständiger, ein ganzer Mensch.

2. öffentliche Rede
8. Juli 1980

Wir haben festgestellt, daß sich die Menschen in Millionen von Jahren entwickelt haben. *Evolution* beinhaltet Zeit, nicht nur physische sondern auch psychologische, innere Zeit. Durch mannigfache Erfahrungen, Unheil, Schwierigkeiten, Ängste usw. ist der Mensch in seinem Dasein gewachsen. So hat sich sein Gehirn entwickelt und ein Muster, eine Schablone gebildet, nach der es lebt. Dieses Muster, diese Schablone ist der Ablauf der Zeit, den man Evolution nennt. Deshalb können Gehirn und Geist niemals frei sein. Obgleich die Menschen eine Million Jahre an Erfahrungen, Sorgen, Ängsten und Freuden hinter sich haben, leben sie immer noch auf dieselbe Weise. Und wir fragen: Warum? Wo liegt die Ursache für den Terror, das Elend, die Verwirrung, die Ungewißheit? Wir stellten fest, daß die Suche des Menschen nach Sicherheit eine der Ursachen sein könnte, Sicherheit nicht nur in seiner Umwelt, sondern auch im Innern, im Psychologischen, die er vom Beginn der Zeit an suchte. Das könnte eine der Ursachen für das gegenwärtige Elend sein.

Auch hat der Mensch während seiner Evolution die Idee von der Individualität gepflegt - vom *Ich* und Du. Vom *Ich,* das getrennt ist und gegen das Du ums Überleben kämpft. Auch hier könnte eine der Ursachen des gegenwärtigen Elends, der Verwirrung und des Terrors liegen. Weiterhin haben wir festgestellt, daß eine andere Hauptursache im Denken selber liegen kann. Wir wiesen daraufhin, daß jede Ursache enden kann.

Wenn Sie körperliche Schmerzen haben, haben diese eine Ursache. Und die Ursache dieser Schmerzen kann aufhören. Auf ähnliche Weise kann unser Leiden, unsere psychologischen Ängste, Befürchtungen usw., beendet werden.

Gibt es viele Ursachen oder nur eine Hauptursache, die alle anderen in sich einschließt? Eine der Ursachen können dieses immerwährende Bedürfnis nach Sicherheit sein, sich geborgen, behütet zu fühlen, gefestigt und ohne Unsicherheit zu sein. Eine andere Ursache könnte sein, daß der Mensch sich selber als Individuum denkt, das von der übrigen Menschheit getrennt ist und eine trennende Mauer zwischen sich selber und den anderen errichtet hat. Und eine andere Ursache kann das Denken selber sein.

So haben sich Gehirn und Geist des Menschen mit der Zeit entwickelt, durch das, was man Evolution nennt in Millionen von Jahren. Und die Zeit hat ihm keine Freiheit gebracht. Vielleicht ist er im Äußeren frei. Er kann von Land zu Land reisen, er kann seine Arbeit wechseln, heute sich diesem, morgen jenem Geschäft zuwenden. Nicht in den totalitären Staaten, sondern in der sog. demokratischen Gesellschaft. Da gibt es ein gewisses Maß an Freiheit, an körperlicher Freiheit. Aber im Psychologischen, im Innern hat sich der Geist, der das Gehirn miteinschließt, durch die Zeiten geformt und ist deshalb niemals, niemals frei. Und das kann eine der Ursachen dafür sein, daß sich der Mensch zum psychologischen Gefangenen gemacht hat und deshalb keine Freiheit zur Entfaltung hat. Wir müssen unseren Geist, unseren Verstand, unser Herz einsetzen, um das herauszufinden, denn wenn wir das nicht tun, werden wir uns gegenseitig zerstören. Das geschieht jetzt in der Welt. Eine Nation, die wichtiger wird als die andere, ein Stamm, der wichtiger wird als der andere, die Aufrüstung - vierhunderttausendmillionen Dollar werden jährlich für den Krieg ausgegeben. Verstehen Sie diesen Irrsinn?

So sind Gehirn und Geist niemals frei. Ohne Freiheit kann sich der Mensch nicht entfalten. Er kann unmöglich über sich selber hinausgelangen. Beobachten Sie Ihren Geist, Ihr Gehirn bei der Arbeit, und Sie können leicht dabei entdecken, daß wir seit Jahrmillionen bestimmte Muster wiederholen, auf einem bestimmten Weg gehen. Im Westen hat man uns 2000 Jahre lang einer Gehirnwäsche durch die Priester unterzogen, im Osten geht diese Gehirnwäsche seit vielleicht drei-, vier- oder fünftausend Jahren vor sich. Deshalb sind unsere Gehirne vorgeprägt, konditioniert bestimmten Edikten, Sanktionen der Lehrer, Philosophen und Priester gemäß. Die Priester fungieren zwischen Euch und dem Wissen, das sie zu haben behaupten. Sie sind die Erlöser. Vielleicht war das zu einer bestimmten Zeit gut, im Alten Ägypten, in alten Zivilisationen des Ostens. Aber jetzt ist das eine ziemlich infantile Angelegenheit geworden.

Der Mensch hat sich technologisch, intellektuell, wissenschaftlich enorm entwickelt. Er ist sehr klug, gelehrt, fähig geworden, nicht nur darin, sich gegenseitig zu töten, sondern auch zu heilen - in der Medizin, durch die Chirurgie usw. Und jetzt versucht die Wissenschaft, durch die Materie das Höchste zu entdecken. Das heißt: durch die Erforschung der äußeren Materie viel Wissen zu sammeln und mittels des Äußeren den Ursprung von allem zu entdecken versuchen.

Fromme Leute sagen, es gibt einen Gott, und Gott hat die Welt erschaffen. Dieser Gott muß ein ziemlich verwirrter und bestechlicher Gott sein, wenn er diese Welt, so wie sie ist, erschaffen hat. Oder Sie haben ihre eigene Lieblingstheorie, was den Ursprung betrifft, verstehen intellektuell die vielen Philosophen, Theologen, Theoretiker - sowohl die kommunistischen Theoretiker als auch die christlichen Theologen. Sie mögen dabei zu bestimmten Schlußfolgerungen, Meinungen und Urteilen gelangt sein. Wenn Sie aber den Ursprung finden wollen, müssen Sie das alles ablegen. Dazu bedarf es nicht nur einer gewissen Stärke und Aufnahmefähigkeit, sondern auch sehr sorgfältiger Beobachtung, keiner Analyse. Analyse ist ja wieder in der Zeit. Wir haben wieder und wieder nicht nur die Welt um uns herum analysiert, sondern die Psychologen haben auch unseren Geist analysiert und sind zu bestimmten Schlußfolgerungen und Konzepten gekommen. Wir werden von diesen Leuten geprägt. Wenn man aber die ursprüngliche Ursache finden will, muß man von alledem frei sein. Freiheit muß sein. Das ist keine Freiheit, wenn man von diesem Dorf ins nächste gehen kann oder wenn man seinen Arbeitsplatz wählen kann, die Freiheit der Rede oder andere Freiheiten hat. Die wahre Freiheit liegt im Geist und im Gehirn, wenn die ganze psychologische Struktur des Organismus von jeglichem Muster befreit ist. Frei ist von allen Schablonen, von allem, was andere unserem Geist und unserem Herzen auferlegt haben.

Man braucht sehr viel Geduld. Ungeduld ist Zeit. Geduld ist nicht Zeit. Geduld bedeutet Beobachtung, eingehende, sorgfältige, kritische, Schritt-für-Schritt Beobachtung. Das ist Geduld. In dieser Beobachtung gibt es keine Zeit. Wenn Sie aber ungeduldig sind voranzukommen, dann laufen Sie voraus, ohne den Anfang zu verstehen.

Es gibt kein westliches oder östliches Denken. Gedanke bleibt Gedanke. Ob sie in Asien, im Fernen oder Nahen Osten oder im Westen leben, es bleibt Gedanke. Vielleicht gibt es eine bestimmte Denkweise oder eine bestimmte Denkrichtung, gewisse Denkvorbilder, aber es bleibt Denken. Ob man dieses Denken im Osten oder Westen anwendet, es ist immer noch Gedanke. Vielleicht durch die Umwelt im Westen oder im Osten geprägtes Denken, aber es ist Denken. Ist das also die Ursache dieser Lebensweise: gegeneinander kämpfen, in fortwährendem Streit, Konflikt, Unglück, Angst, mit dem Gefühl einer innewohnenden Furcht neben der Jagd nach Vergnügen und einem Aufflammen von Liebe, die als Sex ausgelegt wird, und die Vorstellung des Mitleids - was bloß eine Idee und nichts Lebendiges ist?

Wo Analyse ist, ist Teilung - gibt es den Analytiker und das Objekt der Analyse. Der eine nimmt an, daß er Wissen hat und daher befähigt ist zu analysieren. Beobachten Sie Ihren eigenen Geist. Man braucht für den analytischen Vorgang Zeit. *Vielleicht kann ich heute nicht klar analysieren, aber ich werde lernen, wie man analysiert.* Und das bedeutet Tag für Tag oder monatelang allmählich die Kunst der Analyse zu erlernen. Zwischen dem Analytiker und dem Analysierten besteht eine Teilung. So kommt es zu einer dauernden Interpretation in der Wechselbeziehung zwischen den beiden, wo der eine den anderen beurteilt, ihm sein Diktum aufzwingt. Das beinhaltet nicht nur Zeit, sondern auch eine dauernde Spaltung zwischen den beiden, wobei der Analytiker sich vom Analysierten grundsätzlich unterscheidet. Aber ist das wirklich so? Ist nicht der Analytiker auch das, was er analysiert? Wenn ich meine Angst analysiere, wie weiß ich dann, daß es Angst ist? Weil ich mich an eine frühere Erfahrung der Angst erinnere, die in meinem Gehirn gespeichert ist. Beim nächsten Mal, wenn es zu dieser Reaktion kommt, erkenne ich sie wieder und sage, es ist Angst. Diese Teilung besteht dauernd, wird beständig aufrechterhalten. Doch ist es eine Tatsache, daß Sie sich von Ihrem Ärger nicht unterscheiden. Erst später sagen Sie: *Ich war ärgerlich.*

Wenn man also erkennt, daß die Analyse diese Teilung aufrechterhält, daß sich das Ich, der Beobachter, vom Gegenstand des Beobachteten im psychologischen Sinn unterscheidet, dann erkennt man, daß diese Teilung das Wesen des Konflikts ausmacht. Teilung ist das Wesen des Versuchs, etwas zu sein, was man nicht ist und daraus resultiert Kampf. Das ist die Schablone, in der das Gehirn lebt. Deshalb sagen wir: der analytische Vorgang bringt überhaupt keine Freiheit. Im Gegenteil. Er erhält den Konflikt aufrecht. Geist und Gehirn müssen sich im Dauerkonflikt verschleißen, sind niemals neu, entfalten sich niemals.

Die Analyse verhindert die klare Beobachtung. Beobachtung ist viel wichtiger als einen analytischen Verstand zu haben. Wir haben die Fähigkeit der Beobachtung verloren, aber wir haben die Kunst der Analyse ausgebildet. Wir beobachten niemals klar und unverzerrt, was in unseren Köpfen und Herzen vor sich geht. Unser Herz und Verstand sind so bestechlich, so entstellt, und wir meinen, diese Entstellung und Bestechlichkeit kann man durch die Analyse korrigieren. Und weil wir uns ihr verschrieben haben, bringt Analyse niemals Klarheit. Das ist so wie mit einem Mann, der sich einem Glauben verschrieben hat. Er wird niemals einsehen, wie lächerlich das ist. Wir sagen also: es kommt darauf an, die Aktivität von Herz und Geist zu beobachten. Diese Beobachtung wird aber durch jede Art der Verzerrung, jede Art der Motivation verhindert. Das erfordert einen außerordentlich wachsamen Geist. Vielleicht ist das etwas Neues oder etwas, von dem man bisher noch nichts gehört hat. Es wäre wunderbar, wenn Sie keine Bücher gelesen, keine Prediger, keine Priester, keine Philosophen, keinen Guru gehört hätten, dann könnten Sie unerfahren zuhören, so daß Sie Ihre gesamte Struktur beobachten könnten. Leider sind Sie jedoch möglicherweise sehr kluge Leute, belesene Leute, die hier und da ein bißchen aufnehmen und denken, wenn sie das alles zusammenzählen, haben Sie Wissen. Während das Wesen der Freiheit in der Beobachtung liegt – und es wäre wunderbar, wenn man beobachten könnte. Ohne Freiheit können Sie in das alles nicht eindringen.

Deshalb sagen wir: Wenn die Ursache nicht entdeckt wird, hört das Muster menschlichen Elends nicht auf. Ihre Menschheit, Ihr Gehirn ist in einer Million von Jahren gewachsen, es ist nicht Ihr Gehirn, es ist das allen Menschen gemeinsame Gehirn. Deshalb sind Sie die Welt, und die Welt ist Sie. Sie sind nicht Schweizer oder Deutsche, Sie sind in Wirklichkeit ein menschliches Wesen, wie jene menschlichen Wesen im Fernen Osten, die verhungern, unglücklich sind, brutal abgeschlachtet werden. Sie sind psychologisch dieselben, die leiden, Angst haben. All das sind Sie. So ist Ihr Geist, Ihr Herz die Menschheit. Sie sind nicht getrennt. Wenn Sie das verstehen können!

Wir sagen also: Unser Geist ist der uns allen gemeinsame Geist, ist das uns allen gemeinsame Gehirn, das sich durch die Zeit entwickelt hat. Und dieser Geist und dieses Gehirn sind seit Jahrtausenden in einer bestimmten Richtung tätig. Und wir setzen das auf dieselbe Weise fort, indem wir uns anpassen, zurückziehen, beschränken, ausdehnen, aber es ist dieselbe Richtung. Und wenn Sie das alles sehen, wie der Mensch sich selber und die Erde und die Luft, die Natur und die Tiere zerstört, dann fühlen Sie eine große Verantwortung in sich.

Was ist die Ursache für das alles? Ist es das Denken? Denken ist der Vorgang, der aus dem Wissen kommt – Erfahrung, Wissen, Gedächtnis, Denken – das ist eine Bewegung, ein Vorgang. Es ist nicht so, daß man zuerst Erfahrung erwirbt, dann Wissen, dann das Gedächtnis, dann denkt. Es ist eine einheitliche Bewegung, ein einheitlicher Vorgang, der sich dauernd und in derselben Richtung vollzieht. Ist das die Essenz, die wahre Ursache? – nicht das Individuum und nicht das Bedürfnis nach Sicherheit – sondern gerade dieser Vorgang des Denkens, der das gegenwärtige Chaos in der Welt hervorgerufen hat? Das Denken hat wunderbare Dinge geschaffen: die großen Kathedralen, die Architektur, die großen Lieder, Gedichte, Musik, die außergewöhnliche Technologie, die Bombe. Das alles ist das Ergebnis des Denkens. Die enormen Waffenarsenale, um sich gegenseitig zu zerstören, sind das Ergebnis des Denkens. Das gespeicherte Wissen der Wissenschaftler ist Ergebnis des Denkens. Und auf der gewöhnlicheren Ebene: Wenn Sie nicht denken, können Sie nicht nach Hause finden, können Sie nicht sprechen.

So nimmt das Denken einen außerordentlich wichtigen Platz ein. Wir untersuchen jetzt die Ursache des menschlichen Elends abgesehen von der Welt physischer Bequemlichkeiten, der Kommunikation, der Transportmöglichkeiten usw. - davon sprechen wir nicht, das ist klar. Aber, ist das Denken die Essenz unseres Elends? Wenn ja, kann es dann enden? Ein Mensch, der körperlich leidet, wird alles tun, - Geld ausgeben, lange Reisen unternehmen - alles, um geheilt zu werden. Wir aber scheinen nicht einmal einen Bruchteil jener Zeit damit zu verbringen, dieser Frage nachzugehen, warum die Menschen so einen Lebenskampf mitmachen, warum das Leben so gefährlich, so völlig sinnlos geworden ist, wo wie wir es leben.

Ist das Denken der Mittelpunkt unseres Daseins? Unsere Liebe, unsere Zuneigungen, unsere Erinnerungen, das Erschaffen von Vorstellungen, das alles ist gedanklicher Vorgang. Und das Denken ist, wie wir gesagt haben, das Kind des Wissens. Wenn wir kein Wissen besäßen, wären wir nicht fähig, überhaupt zu denken. Und Wissen ist immer begrenzt. Es gibt kein vollständiges Wissen über irgendetwas. *Aber es gibt ein vollkommenes Verstehen von etwas, das jenseits all dessen ist, wenn das Wissen aufhört.* Wenn Sie nicht Schritt für Schritt folgen, wird es sehr schwierig, das Weitere zu verstehen. Es gibt kein vollständiges Wissen über irgend etwas: über das Universum; die Astro-Physiker können es nicht entdecken; die Gelehrten, die Philosophen sagen vielleicht: *Ich glaube an Gott, den Höchsten, Allmächtigen* usw. *und er allein besitzt vollkommenes Wissen oder das Ende allen Wissens.* Doch wir befassen uns nicht mit solchem Unsinn. Wir weisen daraufhin, daß Wissen immer begrenzt ist, weil es im Schatten der Unwissenheit ist. Selbst die größten Philosophen, Spezialisten, Theoretiker, die Leute von Klerus und Religionen, können niemals und unter keinen Umständen behaupten, sie besäßen vollständiges Wissen, es sei denn sie sind Narren. So ist unser Denken, das aus dem Wissen geboren wird, begrenzt. Es gibt kein vollständiges Denken. Deshalb sind unsere Handlungen beschränkt. Unsere Beobachtungen sind beschränkt, solange man denkt. Wenn ich Sie analytisch beobachte, analytisch untersuche, dann ist das ein Denkvorgang, und deshalb müssen meine Beobachtung und Schlußfolgerung beschränkt sein. Man muß große Demut haben, wenn man beobachtet. Nicht: *Ich weiß, ich will beobachten. Demut ist Freiheit von jener Sicherheit.* Erst dann kann es zur Beobachtung kommen. Unser Elend, unser Krieg, die Trennung zwischen den Menschen, zwischen den Religionen, zwischen den Berufen, die Teilung in diesem ganzen Werden ist gedanklicher Vorgang. Ich weiß nicht, ob Sie beobachtet haben, wie der Mensch beständig etwas wird: in der physischen Welt wird man ein Angestellter oder ein Priester oder ein Vorarbeiter oder Geschäftsmann und klettert auf der Leiter aufwärts. Der Priester wird zum Bischof, der Bischof wird zum Erzbischof und der Erzbischof zum Kardinal, der der Papst wird. Es ist immer dasselbe physische Muster, das wiederholt wird. Im Innern, im Psychologischen machen wir dasselbe: wir sind dauernd im Werden: *Ich bin das (noch) nicht, aber ich werde es werden. Ich bin nicht gut, aber ich werde mich bessern.* Dieser Werdevorgang, dieses Gefühl des Werdens ist gedanklicher Vorgang in der Zeit. Und das könnte der Ursprung dieses ganzen Durcheinanders sein. Jeder versucht, etwas zu werden. Es ist ziemlich grausam, zerstörerisch und wetteifernd, wenn man im Physischen etwas werden will. Das kann man sehen. Und man kann es vermeiden, dieses Spiel mitzuspielen. Aber es ist etwas ganz anderes, das auch psychologisch zu erkennen. Psychologisch sind Sie dauernd im Werden - deshalb gibt es Konflikt, Kampf, Streit, Drängen. Und das könnte die Ursache dieser Zerstörung in der Welt sein, in der wir leben. Dieses Werden ist der Vorgang des Denkens. Wenn man sich mit einem anderen psychologisch vergleicht, indem man sagt: *Wie intelligent, wie zärtlich, wie rücksichtsvoll Sie sind* - wie dies und das und etwas anderes - dann versucht man, auch so zu werden. Sich zu vergleichen, ist ein gedanklicher Vorgang. Was geht nun im Geiste vor sich, wenn Sie diese Aussage hören? Man beobachtet nicht sofort, was in einem selber vor sich geht, sondern, wenn man so eine Aussage hört, faßt der Verstand sie in einer Idee zusammen, und dann setzt man sich mit dieser Idee auseinander. Während die Wirklichkeit etwas anderes ist als die Idee. Das Wort *Leiden* ist etwas anderes als das wirkliche Leiden. Geist, Verstand und Herz sind in Wirklichkeit alles eins, sie wurden durch Zeit, durch Kultur und durch Religion dazu geprägt, etwas werden zu müssen. In diesem Werden liegen Wettstreit, Kampf, Rücksichtslosigkeit, Gewalttätigkeit usw. Wenn Sie das hören, ist es für Sie wirklich so oder nur eine Idee? Ist es eine Idee oder ist es eine Tatsache? Es ist sehr wichtig, das zu verstehen. Denn wir sind geistig immer nur mit Ideen und nicht mit Tatsachen befaßt, psychologisch gesprochen.

Psychologisch formt das Gehirn sofort einen Begriff aus einer Tatsache. Wenn man hingegen wirklich beobachtet, erkennt man, daß die Tatsache wichtiger ist als die Idee. Und mit der Tatsache kann man umgehen; man kann mit der Tatsache etwas anfangen; aber man kann nicht auf die Idee einwirken außer, daß man mehr Behauptungen und Meinungen bezüglich der Idee aufstellt. Und dem folgen dann die Ideologien und das übrige. Wenn Sie aber die Tatsache beobachten, daß Verstand, Geist und Herz ständig versuchen, etwas zu werden, dann beobachtet man eine Tatsache und nicht eine Idee.

Ist die Tatsache nun etwas anderes als Sie selber, die Sie die Tatsache beobachten? Tatsache ist, daß jeder von uns auf verschiedene Weise versucht, etwas zu werden, nicht nur in der Außenwelt sondern in erster Linie auch im Psychologischen. Das, was wir in erster Linie innerlich im Psychologischen sind, beeinflußt das Äußere ganz und gar. Es ist nicht umgekehrt, wie die Kommunisten geltend zu machen versuchen. Wenn Sie beobachten, sehen Sie, daß es umgekehrt ist. Die Kommunisten hatten mal wunderbare Theorien: es sollte keine Regierung, keine Armee geben, jeder sollte gleich sein. Und schauen Sie, was geschehen ist! So sind Ideen das Zerstörerischste, nicht die Tatsachen. Das ist Tatsache. Und wir fragen jetzt: Ist das die Ursache des menschlichen Unglücks? Gedanke hat diese psychologische Struktur aufgebaut, die darauf basiert, daß man etwas anderes sein sollte als das, was man ist.

Wenn das also die Ursache ist, *kann man dann in dieser Welt leben, ohne psychologisch etwas zu werden?* Was nicht heißen soll, daß Sie sind, was Sie sind. Denn was sind Sie? Sie sind nichts außer im Werden. Wenn Sie sagen: *Ich bin nicht im Werden, was bin ich dann? Vielleicht werde ich dann zu Gemüse, wenn ich nichts tue.* Aber haben Sie diese Frage des Nicht-Werdens je untersucht?

Das heißt, psychologisch mit allem Vergleichen, mit Nachahmung und Anpassung aufzuhören. Wenn die Ursache des weltweiten menschlichen Elends darin liegt, daß jeder Mensch in der ganzen Welt darum ringt, etwas zu werden, gleichgültig ob er in einem kleinen Dorf oder im obersten, aufgeklärten 30. Stock lebt, dann kann diese Ursache auf natürliche Weise beendet werden. Was ist dann der Mensch? Ist er dann einfach nichts? *Sind Sie etwas, wenn Sie werden?* Indem Sie psychologisch etwas werden, sind Sie am Ende nichts. Aber davor haben Sie Angst. Wenn also das Werden die Ursache ist – und eine Ursache hat immer ein Ende –, ist dieses Werden der gedankliche Vorgang? Man will sich selber erkennen – Selbst-Erkenntnis. Erkennen Sie diesen Irrtum. Wenn man sich selber erkenne will, fängt man an, sich zu analysieren, man beginnt zu beobachten, in Frage zu stellen. Doch ist gerade diese Beobachtung, dieses Fragen, dieser ganze innere Vorgang immer noch der Vorgang des Werdens. Jegliche Bewegung des Geistes, etwas zu werden oder nicht zu werden, ist ein- und dasselbe. Das Werden ist ein gedanklicher Vorgang. Wenn man aber sagt: *Ich erkenne das und muß damit aufhören und etwas anderes werden* – dann ist das immer noch gedanklicher Vorgang nur in anderer Richtung.

Kann also dieser gedankliche Vorgang aufhören? Der menschliche Geist – nicht der meine oder der Ihre – verfolgt seit Jahrhunderten diese Richtung, von den Priestern, den Philosophen, den Gelehrten ermutigt, mehr und mehr Wissen zu erlangen, nicht nur über sich selber, sondern über die Außenwelt. Und wenn jemand kommt und sagt: *Schaut her, was Ihr da macht,* dann erkennt man, daß die Idee von der Selbsterkenntnis die Weiterverfolgung desselben Pfades ist – nämlich wieder, über sich selber mehr zu erfahren. Man versucht, etwas zu werden oder nichts zu werden. Es ist derselbe Vorgang in zwei Richtungen.

Wenn das Denken die Ursache dieses Elends ist, kann es jegliche Bewegung in irgendeiner Richtung einstellen? Wir müssen uns also die Frage stellen, was Denken ist. Das Denken hat das Rauschen des Flusses nicht hervorgebracht, aber es hat Kriege gebracht. Das Denken bringt Trennung in unsere Beziehungen, ruft diese Spaltung hervor, die auf den Vorstellungen basiert, die man von einander aufbaut. Diese Vorstellungen sind das Ergebnis der Zeit. Vielleicht haben Sie einen Ehemann oder eine Freundin oder einen Freund - sofort schafft sich das Gehirn eine Vorstellung von dieser Person. Diese Vorstellung ist der trennende Faktor, der Gedankentätigkeit ist. Wenn Sie sagen: *Ich erinnere mich an dich,* dann ist das die Erinnerung an die Vergangenheit, die im Gehirn aufgezeichnet ist. Eine Vorstellung hat sich gebildet, und das ist Gedanke. Ein Symbol. Ein Symbol ist nicht wirklich.

Denken ist ein zeitlicher Vorgang. Wenn man Wissen durch Erfahrung, Erlebnisse, Unfälle, Kommunikation usw. erwirbt, ist die Zeit ein Umstand. Dieses Wissen ist gedanklicher Vorgang. Ich habe die Erfahrung gemacht, dir gestern begegnet zu sein. Das wird im Gehirn registriert. Wenn ich dich heute sehe, erinnere ich mich und erkenne, daß du dieselbe Person bist. Gedanke ist Materie. Gedanke wird in den Gehirnzellen gespeichert, die Materie sind.

Die Wissenschaftler versuchen das zu entdecken, was jenseits liegt. Wenn man mit ihnen diese Dinge diskutiert, stimmen sie dem zu. Die Astro-Physiker, die den Himmel erforschen, finden es ist immer noch Materie. Die Wissenschaftler arbeiten durch das Denken. Aber wir sagen, daß Gedanke selber Materie ist, und diese Materie ist das *Ich*. Ich kann in mir selber nachforschen, was viel tatsächlicher, viel drastischer ist, eine gewisse Eigenschaft von Disziplin erfordert. Aber dann wird es möglich, unendlich viel weiter zu gehen.

Gedanke ist Materie. Gedanke hat das ganze psychologische Gebäude meiner Ängste und Befürchtungen, meiner Verzweiflung, Depressionen, meiner Stimmungen, meiner Liebe aufgebaut. Gedanke hat alles aufgebaut: meine Gefühle, meine romantischen Träume, meine Tagträume. Das fällt den sogenannten frommen Leuten schwer zuzugeben, denn sie behaupten, daß in Ihnen etwas Spirituelles sei, daß Sie Seelen haben oder das Göttliche oder dieses oder jenes. Aber das ist alles Gedanke. Das höhere Bewußtsein, das niedere Bewußtsein, Atma - gemäß der hinduistischen Lehre - Brahma und alles übrige - das ist immer noch gedanklicher Vorgang, der etwas außerhalb erschafft.

Wir sagten, daß das Denken seinen Platz hat, sonst könnten wir nicht miteinander sprechen, wir könnten nicht nach Hause gehen, keinen Bus bekommen, unsere Arbeit nicht verrichten. Das gründet alles auf Wissen, Fähigkeit usw. Da ist Wissen notwendig, ist es wichtig, daß das Denken objektiver, klarer, unpersönlicher, leistungsfähiger funktioniert. Aber, das Denken hat nur dort seinen Platz. Ihm gebührt kein Platz beim Aufbau der psychologischen Struktur des *Ich,* das etwas werden will - oder nichts werden will. Kann man also in der Welt leben, ohne daß der gedankliche Vorgang die Struktur des *Ich* im Werden aufbaut? Sie können nicht viel weiter gehen, solange diese psychologische Struktur besteht. Solange ein Zentrum besteht, das ansammelt und im Werden ist, ist dieses Zentrum die Essenz des Denkens. Und ein Geist, der von der psychologischen Struktur, die der Gedanke aufgebaut hat, nicht befreit ist, kann unmöglich weitergehen. Er kann sich selber betrügen, er kann in Illusionen leben.

3. öffentliche Rede
10. Juli 1980

Ich bin gar nicht sicher, ob wir nicht aus allem Gesagten ein intellektuelles Konzept machen, eine Serie von Rückschlüssen und Ideen, etwas vielleicht Gewinnbringendes und Wertvolles daraus machen, das man im Leben ausführen muß. Wenn wir das aus diesen Reden machen, werden wir an vielem vorbeigehen.

Wir haben festgestellt, daß der Mensch seit Jahrtausenden in dauerndem Kampf und Konflikt nicht nur mit sich selber, sondern auch mit seinem nahen oder entfernten Nachbarn lebt. Diesem Vorbild folgen wir seit Jahrhunderten. Wenn man das Weltgeschehen beobachtet, denkt man, daß es einen Ausweg, eine weltumfassende Denkungsart geben müßte, wo wir nicht als Gruppe oder Individuen denken. Wir sind an der ganzen Menschheit interessiert; diese Menschheit, das sind Sie und ich. Wir unterscheiden uns nicht von der Menschheit in Indien oder China oder Rußland, Amerika oder Europa. Wir machen alle denselben Kampf durch, haben die gleichen Ängste, dieselben Konflikte, leiden unter demselben Elend.

Wir müssen versuchen, die Ursache zu entdecken, und wir müssen herausfinden, ob der Geist dann fähig ist, diese Ursache aufzulösen und damit anderes Handeln zu bewirken.

Wir sprechen und denken hier gemeinsam über diese

Angelegenheit nach. Wenn wir dieses Problem ganz unpersönlich, weder von Ihrem Standpunkt noch von dem des Sprechers aus betrachten können, ohne an irgendeinen besonderen Glauben, an ein Dogma oder an eine Person gebunden zu sein, dann wird es vielleicht möglich sein, dieses Problem zu lösen. Das Problem lautet: Wie kommt es, daß die Menschen, die seit so langer Zeit leben, das gleiche Verhaltensmuster fortsetzen, vielleicht in etwas modifizierter, besser informierter Form, die sie befähigt, bestimmten Herausforderungen zu begegnen. Aber im Grunde ist der Mensch das, was er seit Jahrtausenden war.

Die eigentliche Ursache, haben wir gesagt, könnte darin liegen, daß jeder Mensch etwas zu werden versucht, nicht nur in der physischen Welt, sondern auch im psychologischen Bereich. Sie können das bejahen oder verneinen, daß hier die eigentliche Ursache liegt. Aber vielleicht können wir uns gemeinsam damit befassen, nicht nur indem wir Ideen und Meinungen austauschen, die einander entgegengesetzt sind, sondern vielleicht können wir über das Wort an sich hinausgelangen und handeln. Ich stelle Ihnen diese Frage: versucht nicht ein Jeder vn uns auf die eine oder andere Weise anders zu sein, als er ist, versucht zu erreichen, etwas zu werden, sich zu verändern? Wenn wir uns darüber einig sind, daß hier die eigentliche Ursache für das große Elend in der Welt liegt, aus der soviel Verwirrung erwächst, können wir gemeinsam über das Problem nachdenken. Unsere Beobachtung zeigt uns, daß unsere Handlungsweise auf Ideen gründet. Ideen sind wichtiger als die Handlung selber. Ob diese Ideen nun persönlicher Art sind oder in Jahrhunderten entwickelt wurden einschließlich jener Ideen, die von organisierten Religionen sanktioniert werden. Immer leben und bewegen wir uns mit Ideen. Ideen können Symbole, Erinnerungen, Erfahrungen, Schlußfolgerungen sein. Ideen schaffen Werte. Werte, die befriedigend, wünschenswert, gewinnbringend oder bedeutungsvoll sind. Nachdem wir diese Werte, die auf Ideen gründen, geschaffen haben, handeln wir gemäß dieser Wertvorstellungen. Diese Werte werden durch dauernde Anpassung an die Umstände, an den Charakter, an die Bedürfnisse, an die sozialen Umweltbedingungen geschaffen. Unsere Handlungen gründen auf Wertvorstellungen, die das Ergebnis des Denkens sind. Ein Geist, der Wertvorstellungen hat, ist sehr eingeengt, denn diese Werte werden vom Denken, von Bedürfnissen geschaffen. Deshalb ist unser Handeln immer eingeschränkt. Wenn wir unsere Handlungen überprüfen, erkennen wir, daß unser ganzes Leben Handlung ist: sprechen, gehen, denken, wissensgemäß handeln, Verantwortung, Freundschaft; unser ganzes Dasein ist Handlung. Handlung, die von Werten gelenkt wird, die aus Erfahrung oder den Sanktionen der Gesellschaft, Kultur oder Religion stammen. Jeder Mensch schafft sich so seine eigenen Werte, unterscheidet, was für ihn wichtig, was unwichtig ist, was wünschenswert ist usw. Wir stellen die Frage: Gibt es eine Handlung, die nicht auf Wertvorstellungen beruht? Unsere Handlungen gründen immer entweder auf alten Erinnerungen und Werten, gegenwärtigen Werten oder zukünftigen Idealen. Das, was sein sollte, was war und das, was ist. So wird unser Tun zu einer andauernden, fortlaufenden Bewegung aus der Vergangenheit durch die Gegenwart, das modifiziert in die Zukunft weist.

Da unsere Handlungen auf diese Weise immer in der Vergangenheit gründen, gibt es keine spontane Handlung. Jeder redet heutzutage mehr oder weniger von spontaner Handlung. Aber die gibt es gar nicht. Im wesentlichen gründet alles auf alten Erinnerungen und Werten, die sich laufend verändern aber im wesentlichen in der Vergangenheit wurzeln. Deshalb gibt es keine spontane Handlung. So fragt man: Was ist rechte Handlung? Handlung, die nicht vergangenheits- oder wertbezogen ist, weil das die Handlung einschränkt; denn die Vergangenheit und die Werte entspringen dem Denken, das das Ergebnis des Wissens ist. Gibt es also ein Tun, das unter allen Umständen recht ist und nicht auf Wertvorstellungen gründet? Denn es ist sehr wichtig, daß man herausfindet, ob es Freiheit im Handeln gibt. Heutzutage meinen wir, wir haben Freiheit zur Handlung, weil man tun kann, was man will. Das ist die vorherrschende Mode. Jeder tut, was er will, ohne den Vater oder die Regierung im Rücken zu haben. Diese Freiheit führt mehr oder weniger zu diesem augenblicklichen Chaos, wo jeder genau das tut, was er mag. Deshalb muß man selber entdecken, was rechtes Tun ist, das nicht auf Konzepten, Idealen oder Wertvorstellungen beruht. Das berührt unser tägliches Leben und ist deshalb eine sehr ernste Angelegenheit. Es ist eine sehr ernste Frage: Gibt es eine Handlungsweise, die nicht auf dem Marxismus, dem Christentum oder dem Hinduismus oder auf irgendwelchen menschlichen Wertvorstellungen gründet, die das Ergebnis des Denkens sind? Deshalb muß man fragen: Was ist recht? Man kann antworten: was man denkt, ist recht. Oder man kann einen bestimmten Glauben haben, demgemäß man handeln wird, und das wird als recht angesehen. Oder man hat Erfahrungen, die die Handlungsweise beeinflussen und deshalb als korrekt angesehen werden. Aber wir weisen daraufhin, daß solches Handeln Vorurteil ist. Ein Vorurteil hat etwas mit Idealen gemeinsam. Ihre Vorurteile prägen Ihr Denken, egal ob diese Vorurteile durch die Kultur entstanden sind oder durch die Religion angenommen wurden. Und solche Handlungsweise gründet im wesentlichen auf Wertvorstellungen. Wir fragen: Gibt es eine Handlung, die auf nichts dergleichen gründet? Solche Handlung wäre Freiheit. Sonst ist es nur wie in einer Bindung, in der alles Handeln korrupt wird. Wenn man an einen Glauben gebunden ist, wird die eigene Handlung natürlich glaubensgemäß sein und daher eingeengt und korrupt sein. So ist unser Handeln korrupt, niemals ganz. Um entdecken zu können, was rechtes Handeln ist, muß man wirklich frei von allen Wertvorstellungen sein.

Was ist rechtes Handeln? Das Wort *recht* bedeutet: genau, wirklich, unverzerrt. Rechte Handlung bedeutet eine Handlung, die gleichbleibend ist, unter keinen Umständen abweicht, genau ist, nicht auf irgendeiner romantischen, sentimentalen Vorstellung gründet. Handeln, das nicht auf einem Prinzip, nicht auf einem Ideal beruht, auch nicht das Ergebnis persönlicher oder anerzogener Werte ist.

Handlung die einem Geist entspringt, der an eine Idee, an ein Konzept, an eine Wertvorstellung, oder an eine Person gebunden ist, muß immer korrupt sein. Wenn man an eine Person gebunden ist, wird diese Bindung die eigene Handlungsweise ganz offensichtlich bestimmen. Wenn man an einen Glauben gebunden ist, wird die eigene Handlungsweise glaubensgemäß und daher korrupt sein. Wenn man nach eigenem Wissen und Erfahrungen handelt, wird das korrupt sein, weil Wissen immer beschränkt ist. Und wir fragen: gibt es eine Handlung, die nicht korrumpiert werden kann? Und wir sagen: Ja, die gibt es. Und sie tritt ins Dasein, wenn Sie beobachten, was für Konsequenzen Wertvorstellungen haben, wenn Sie beobachten, wie diese Wertvorstellungen entstehen. Wenn Sie beobachten, wie Handlungen unvermeidlich zerstörerisch wirken, wenn sie der Bindung an eine Idee, an ein Konzept, an eine Person entspringen. Durch die Beobachtung – nicht durch Analyse – hört das auf. Nehmen wir an, man ist an ein Symbol gebunden, an ein Symbol der Kirche oder an eines, das man durch die Mythologie selber erschaffen hat. So ein Symbol wird durch das Denken erschaffen. Man ist an solche Symbole gebunden und handelt demgemäß. Das Ergebnis ist ein Konflikt nicht nur im Verhältnis zum Symbol oder Glauben, sondern auch im eigenen Handeln. Man beobachtet das. Man erkennt, das ist eine Tatsache. Man erkennt die Tatsache: daß solange man an irgendetwas, an eine Person, an einen Glauben, an ein Konzept, an eine Idee, an das eigene Wissen und die eigene Erfahrung gebunden ist, das Ergebnis solcher Handlungsweise unumstößlich Konflikt nach sich ziehen wird.

Ich werde es anders ausdrücken. Sagen wir, ich wäre ein Jude. Ich halte an dieser Vorstellung fest. Und wenn Sie Araber oder Mohammedaner sind, haben wir Krieg. Das ist ziemlich einfach zu beobachten. Wenn Sie aber tiefer gehen, ins Innere dringen, und man sich aus verschiedenen Gründen an eine Person anklammert, dann bringt gerade diese Bindung viel Konflikt, Angst und Haß mit sich. Kann ich diese Tatsache beobachten, ohne sie zu analysieren?

Ich zeige gleich, was ich unter Beobachtung verstehe.

Beobachten Sie unverzerrt? Beobachten Sie, ohne verändern zu wollen, was Sie sehen, ohne den Versuch, das Gesehene wegdisputieren zu wollen oder zu überwinden, was Sie sehen, zu unterdrücken, was Sie sehen, sondern nur, wie in einem Spiegel zu beobachten, was Sie wirklich sind? Können Sie Ihre Reaktion, die z.B. aggressiv ist, beobachten? Ich nehme das mal als Beispiel. Sie sind aggressiv. Können Sie das und seine Ursachen beobachten, ohne Ihren Gesichtsausdruck, Ihre Stimme, Ihre Gestik zu analysieren? Können Sie das beobachten ohne Rechtfertigung oder Entschuldigung, sondern nur beobachten? Können Sie das? Nehmen Sie Ihre besondere persönliche Eigenart, Ihren eigenen Charakter, Ihre besondere Gebundenheit, und beobachten Sie das. Was recht schwierig sein dürfte, weil wir zur Analyse erzogen wurden. Wir erwarten, durch die Analyse die Ursache zu entdecken und zu überwinden. Während wir hier sagen, daß dieser analytische Prozeß den Geist nicht von der Ursache befreien wird. Aber wenn Sie nur ohne gefühlsmäßige Reaktion beobachten, es so genau sehen, wie es ist, dann lassen Sie die Tatsachen für sich sprechen und nicht umgekehrt. Wir sagen immer, was man tun müßte. So sollte es nicht sein, so sollte es sein, wir müssen uns näher damit befassen. Aber wir gestatten der Tatsache niemals, sich selber zu enthüllen.

Beobachtung ist die Enthüllung dessen, was vor sich geht. Die meisten von uns sind an eine Person gebunden. An den Ehemann, an die Kinder, an den Priester, an den Guru, an ein Meditationssystem oder was sonst noch. Können Sie diese Bindung beobachten? Natürlich können Sie das. Sie wird ihnen bewußt. Wenn Sie beobachten, kommt es sofort zu der Reaktion: warum nicht? Was ist schlecht an einer Bindung? Die Konsequenzen der Bindung sind Angst und damit Haß, Eifersucht und damit Mangel an Liebe. Das sind die Konsequenzen, nicht wahr? Aber wenn Sie sorgfältig beobachten, ohne zu entstellen, was Sie sehen, ist diese Beobachtung der Akt der Intelligenz.

Es gibt ein Handeln, das unter allen Umständen korrekt ist und zwar: wenn man die Tatsache des wirklichen Geschehens ohne Verzerrung beobachtet. Wenn Sie die Tatsache und die Konsequenzen der Bindung beobachten, ist der Beobachter dann etwas anderes als das Beobachtete? Wenn Sie zornig sind, gibt es in dem Moment keinen Unterschied zwischen dem Beobachter und dem Beobachteten. Erst eine Sekunde später kommt es zur Spaltung: *Ich bin wütend.* Sie erkennen das Gefühl des Zornes, weil sie es früher schon hatten. So entsteht die Spaltung in dem Moment, wenn sich der Beobachter von dem trennt, was er beobachtet. Das ist eine ernste Sache, wenn Sie da tiefer eindringen wollen; denn wenn Sie das erkennen können, werden Sie allen Konflikt ausschließen können. Denn der Konflikt besteht zwischen dem Beobachter und dem Beobachteten. Man ist an jemanden gebunden. Unterscheidet sich diese Bindung von einem selber? Oder bin ich selber die Bindung?

In Wirklichkeit wollen Sie sich dem nicht stellen, deshalb erfinden Sie Ausflüchte. Denn wo man einem Problem, einer Idee, einem Ideal, einer Person, einem Dogma, einem Ritual, einer Organisation, gewissen Institutionen verhaftet ist, muß es Korruption geben. Wenn Sie Ihrer Frau verhaftet sind, ist Korruption ganz gewiß, weil Korruption Angst bedeutet. Angst zieht Haß, Konflikt, Eifersucht, Antagonismus nach sich, was alles Ausdruck von Korruption ist und nicht der Akt der Liebe. Erkennen Sie das wirklich und nicht analytisch? Wenn Sie jetzt sagen: *ich erkenne das,* ist der Erkennende dann etwas anderes als das, was er erkennt? Wo Spaltung ist, muß Konflikt sein - das ist ein Gesetz. Konflikt ist Korruption. Wir leben seit jeher mit dieser Norm, mit diesem Muster, d.h. daß der Denker sich vom Gedachten unterscheidet. Deshalb versucht der Denker andauernd, die Gedanken zu beherrschen. Aber der Denker *ist* das Gedachte!

Sobald es keine Spaltung und daher keinen Konflikt gibt, endet der ganze Vorgang des Verhaftetseins. Bitte testen Sie es. Akzeptieren Sie nichts, was Ihnen irgendjemand sagt einschließlich meiner Person. Erkennen Sie, an was Sie gebunden, wem Sie verhaftet sind, Ihrem Namen, Ihrer Familie, Ihrem Bruder, Schwester, Vater, Ehefrau, Tochter, Sohn, wer immer es ist, Ihrem Bischof oder dem Papst oder jemand anderem. Wenn das so ist, beobachten Sie das. Wenn Ihnen dieses Verhaftetsein gefällt, wenn Ihnen auch alle Konsequenzen dieses Verhaftetseins gefallen, ist das völlig in Ordnung, niemand wird Sie daran hindern. Wenn Sie aber entdecken wollen, ob es eine Handlung gibt, die unter allen Umständen recht ist, die nicht korrupt ist, dann müssen Sie von allen Wertvorstellungen, von jeglicher Bindung frei sein.

Wenn Sie das Verhaftetsein beobachten, ist es Intelligenz, die den ganzen Vorgang beobachtet, nicht die Analyse. Wo also Intelligenz ist, ist auch rechtes Handeln. Intelligenz ist nicht Wissen, ist nicht gespeicherte Information. Wo man Einsicht ins Verhaftetsein gewinnt, ist diese Einsicht Intelligenz, und aus dieser Intelligenz entsteht rechtes Handeln.

Der Mensch lebt seit Millionen von Jahren mit der Korruption, und alle seine Handlungen sind seither korrupt, haben Chaos und Konflikte gebracht. Seine Handlungen gründen alle auf Idealen, auf Konzepten, auf Wertvorstellungen, die alle Gedankenprodukt sind. Es gibt keinen göttlichen oder absoluten Wert, obgleich die Priester das behaupten mögen. Wenn sie das sagen, ist es die Aktivität ihres eigenen Denkens.

Es gibt ein Handeln, das völlig heil, unbestechlich ist und zwar im täglichen Leben, nicht irgendwo im Himmel. Nämlich: der Mensch kann mit dieser Intelligenz in der Welt leben. Diese Intelligenz wird aus Einsicht geboren. Einsicht bedeutet, den Gesamtvorgang z.B. des Verhaftetseins sofort zu erfassen. Einsicht ist nicht Erinnerung, ist nicht der Vorgang der Bewertung oder Schlußfolgerung, sie ist vielmehr eine Sekunde vollständigen Erfassens dessen, das Sie im Ganzen sehen. Das ist das Wesen der Intelligenz. Diese Intelligenz gehört weder Ihnen noch mir. Darum handelt sie immer korrekt.

Während Sie hier sitzen, beobachten Sie sich selber, beobachten Sie, wie Sie sich Ihrer Frau, Ihrem Mann, Ihrem Nachbarn, der Politik, der Religion gegenüber verhalten. Können Sie ohne Analyse das Ganze erfassen, alle Konsequenzen und die Ursache dieser Bindung sofort sehen? Das beinhaltet Freiheit von der Zeit.

Das Gehirn ist das Ergebnis von Zeit. Es hat sich durch Jahrmillionen von der primitivsten zur höchst komplizierten Zelle entwickelt. Das Gehirn funktioniert nach diesem zeitlichen Vorbild, innerhalb der Schablone von Zeit – gestern, heute und morgen. Zeit als: ich werde sein, ich hoffe zu sein, ich will werden.

Wir leben nach diesem Vorbild seit Millionen von Jahren. Es gibt nicht nur die physische Zeit, Sonnenauf- und -untergänge, sondern auch die innere, die psychologische Zeit. Wir sprechen hier über die innere Zeit des Geistigen und des Gehirns, das Teil des Geistigen ist. Und wir leben immer noch nach diesem Vorbild seit Millionen von Jahren. Wenn die Zeit nicht aufhört, wird dieses Muster immer und immer wieder weiter wiederholt werden.

Man benötigt Zeit, um etwas zu werden. Wenn man ein guter Chemiker werden will, braucht man Zeit. Man braucht Zeit, um eine Sprache zu erlernen. Man braucht Zeit, wenn man ein guter Autofahrer werden will. Man braucht Zeit, um Wissen und Fertigkeit zu erwerben. Und dasselbe Prinzip wird im Psychologischen angewandt. Man braucht Zeit, um gut zu werden. Man braucht Zeit, um selbstlos zu werden. Wenn man sagt: *Ich brauche Zeit, um selbstlos zu werden,* dann ist das das Wesen der Selbstsüchtigkeit. So arbeitet unser Gehirn immer im Zeitlichen. Und die Zeit ist eine Bewegung. *Ich bin nicht gut, aber ich werde gut sein.* Das zeigt eine Bewegung von dem was ist, auf das zu, was sein sollte. Das Denken ist auch eine Bewegung. Zeit ist denken. Nach diesem Vorbild leben wir seit jeher. Und dieses Vorbild hat den Menschen nicht gewandelt, obgleich er seit Jahrmillionen lebt. Gibt es nun eine Möglichkeit, mit diesem Muster zu brechen? Wir sagen, es gibt eine. Die Analyse ist ein Zeitvorgang. Man gewinnt Einsicht in das, was Analyse ist und das ist zugleich ihr Ende. Einsicht gehört nicht der Zeit an. Ich habe Einsicht in mein Verlangen nach etwas. Man kann den Vorgang des Verlangens analysieren, untersuchen und zu einem Schluß kommen oder man kann den ganzen Vorgang des Verlangens beobachten. Dann ist gerade diese Beobachtung eine Einsicht, die nicht der Zeit angehört.

Wir wollen es anders ausdrücken. Sie sind an das eine oder andere gebunden. Können Sie damit sofort Schluß machen? Wenn Sie es augenblicklich machen, ist das das Ende der Zeit. Wenn Sie aber sagen: *Ich will mich damit befassen, ich werde es analysieren, will sehen ob es richtig oder falsch ist, daß es so oder nicht so sein sollte,* dann wiederholen Sie das Muster. Es ist so besonders wichtig, daß die Zeit aufhört, weil das die wahre Freiheit ist von dem, was war. (Zwinge ich Sie, in einer bestimmten Richtung zu denken? Weil ich zufällig stark, ungestüm bin? Oder bewegen wir uns beide in dieselbe Richtung?) Das ist eines der Probleme der Menschheit. Der Mensch fragt seit jeher, ob Zeit enden kann. Zeit muß enden. Wir meinen, die Zeit endet durch irgendeine Meditation. Wir haben darüber viel gesprochen, vielleicht nicht soviel im Westen, dafür aber sehr viel im Osten. Man sagt dort, die Zeit endet, wenn die Gedanken beherrscht werden, weil Denken ein zeitlicher Vorgang ist. Denken ist Zeit. Aber wir sagen: Zeit kann enden, wenn man unverzerrt beobachtet, was wirklich vor sich geht, nämlich die wirklichen Reaktionen in einem selber. Reaktion auf Bindung, warum man gebunden ist und was die Konsequenz der Bindung ist. Wenn man dieses Ganze sofort erkennt, hört die Zeit auf. Das muß klar sein, weil wir gewöhnliche Worte verwenden. Entweder benutzen Sie Ihren Verstand nicht, oder Sie werden nur überredet und herumgestoßen. Wenn Sie aber sagen: *Ich will das herausfinden, ich will beobachten, ob ich an etwas gebunden bin,* dann werden Sie bald entdecken, daß Sie gebunden sind und die Konsequenzen sehen: Angst, Haß, Besorgnis, Eifersucht, all die Konflikte. Und wenn Sie sagen: *Ich habe mich daran gewöhnt. Es macht mir nichts aus,* dann leben Sie eben bloß in dauerndem Konflikt, was jeder

Mensch tut. Aber wenn Sie diesen Konflikt beenden wollen, können Sie das sofort tun. Nämlich, indem Sie es ohne Entstellung erkennen.

4. öffentliche Rede 13. Juli 1980

Seit über fünf oder sechs Millionen von Jahren lebt der Mensch, und es ist ihm in dieser Evolutionsperiode nicht gelungen, sein großes Gegensatzproblem zu lösen, und zwar nicht nur das in seinem Innern, sondern, auch die Probleme im Äußeren wie Kriege und Gemetzel. Diesem Vorbild, diesem Muster folgt das Gehirn seit Jahrtausenden. Und wir setzen den Strom von Elend und Verwirrung und Schmerz fort sowohl innerlich als auch äußerlich. Wenn man überhaupt ernsthaft am Weltgeschehen und an den eigenen inneren Vorgängen interessiert ist, muß man sich fragen, warum das Gehirn, der Geist, so lebt. Mit dem Wort *Geist* bezeichnen wir hier Gefühle, Emotionen, Reaktionen und Gedanken, die ganze psychologische und biologische Struktur des Menschen. Und wir müssen uns fragen, warum wir als erzogene, kultivierte, aufgeklärte Menschen so leben, warum wir uns gegenseitig umbringen, uns in Religionen, Nationalitäten und zerstörerische Uneinigkeiten spalten, die das Denken verursacht, und ob es möglich wäre, eine Wandlung innerhalb der Gehirnstruktur herbeizuführen.

Das soll hier keine Rede über Ideen sein. Es gibt viele Ideen, Ideologien in der Welt, die der totalitären Richtung: Marx, Lenin, Mao, sowie die der Linken, des Zentrums und der Rechten, alle Extreme. Diese Ideologien sind sehr zerstörerisch, egal ob es politische oder religiöse sind. Seit Jahrtausenden leben Geist und Gehirn, die ganze psychologische Struktur des Menschen nach diesem Vorbild.

Wir denken gemeinsam über dieses Problem nach. Es ist nicht der Sinn dieser Zusammenkunft, daß wir bloß ein wenig zuhören, derselben oder anderer Meinung, mehr oder weniger interessiert sind, um dann, nachdem wir etwas intellektuelle Unterhaltung hatten, nach Hause zu gehen. Wir machen diese Reise gemeinsam, denken gemeinsam nach. Wir müssen das, denn wir sind alle Menschen, ob wir nun in Rußland, im Osten, Westen oder Süden oder im Norden leben. Wir alle machen viel Schmerz und Elend durch, sind mit Angst und Sorge belastet. Das ist das allen Menschen gemeinsame Los. Und die Masse der Menschheit ist der Mensch, der hier im Zelt sitzt. Wir sind die Menschheit. Unsere Gehirne, unser Geist, sind nicht individuell, sondern jene der Menschheit. Vielleicht werden viele unter Ihnen dem nicht zustimmen, aber wenn Sie das unparteiisch, objektiv und wissenschaftlich untersuchen, werden Sie entdecken, daß das Gehirn weder das Ihre noch das Meine ist. Es ist das menschliche Gehirn, das sich bis zum gegenwärtigen Stadium entwickelt hat, in dem wir uns jetzt befinden.

Wir haben untersucht und beobachtet, nicht analysiert, warum der menschliche Geist in dieser Verzweiflung und Depression lebt und warum sich die Menschen in diesen Jahrtausenden nicht radikal verändert haben. Das ist das Problem. Darüber haben wir gemeinsam gesprochen. Es ist nicht so, daß Sie bloß zuhören und hinterher sagen, der Sprecher ist zu theoretisch oder verrückt oder orientalisch. Gedanke ist weder orientalisch noch abendländisch. Das ist eine grundsätzliche Tatsache. Vielleicht denken Sie im Westen mehr in wissenschaftlicher oder industrieller Richtung. Im Osten dürfte das anders sein, aber im wesentlichen ist es Gedanke, ist es das Denken, das uns allen gemeinsam ist. Es ist das Los des Menschen zu denken. Es gibt nicht Ihr oder mein Denken, vielmehr ist es uns allen gemeinsam. Denken entspringt aus Wissen, aus Erfahrung, aus dem Gedächtnis. Es hat die Industriewelt geschaffen, hat wunderbare Brücken gebaut, große wissenschaftliche Erfindungen im Bereich von Chirurgie und Medizin gemacht, und es hat auch die Kriege gebracht. Denken hat die gesamte Architektur - die schöne wie die häßliche -, die großen Gemälde, die Statuen, die Musik erschaffen. Gedanke hat alles erschaffen, was in den Kathedralen, Tempeln und Moscheen ist. Und Gedanke hat die Welt der Religion in Christentum, Hinduismus und Buddhismus usw. aufgeteilt. Das sind alles offensichtliche Tatsachen, die man beobachten kann. Und wir leben stammesgebunden, verherrlichen die Nationalität. Seither lebt das Gehirn auf diese Weise, hat sich nach diesem besonderen Muster geformt. Es leidet, fordert, gehorcht, rebelliert, paßt sich an, um dann wieder gegen diese Anpassung zu rebellieren. Und so sollte sich jeder ernsthafte Mensch fragen, ob man dieses Muster auflösen und ganz anders ohne Krieg, ohne Feindschaft, Sorgen, Angst und Schmerzen leben kann. Und wenn Sie gewillt und in der Lage sind, gemeinsam zu denken, können Sie selber entdecken, ob das möglich ist oder nicht.

So lautet unsere Frage: Warum löst das Gehirn, das über enorme Kapazität verfügt, seine eigenen Probleme nicht? Warum lebt es so? Und wir wiederholen unsere Aussage von neulich, daß das Denken der Kern, das Zentrum dieser ganzen Schwierigkeiten ist. Denken wird aus Wissen und Erfahrung geboren und verwandelt sich in Gedächtnis, das in den Gehirnzellen verwahrt wird. Deshalb ist Denken ein materieller Vorgang. Das Denken ist das Zentrum dieses ganzen menschlichen Kampfes, des menschlichen Verlangens, über sich selber hinauszugelangen. Gedanke ist der Mittelpunkt der Sehnsucht, Gott zu finden, wenn Gott existiert, zu erfahren, was Erleuchtung ist, zu entdecken, ob es etwas jenseits der Zeit, etwas Ewiges gibt. So ist von Anfang an gedacht worden. Das Denken ist verantwortlich für die Vorstellung, daß der Mensch wachsen, sich entwickeln, etwas werden sollte. Ich hoffe, Sie folgen diesen Ausführungen, aber folgen Sie bitte nicht den Worten des Sprechers, sondern sich selber. Es gibt hier weder Lehrer noch Schüler. Wirklich nicht! In der Welt des Geistes gibt es weder Anhänger noch Führer, sondern nur das Lernen und zwar nicht von jemandem, der Ihnen etwas vermittelt, sondern aktives Lernen. Wir untersuchen also gemeinsam das sehr komplizierte menschliche Leben. Wenn der Geist in diese Vielfalt eindringen will, muß er frei von allen Bindungen sein. Er darf an nichts, an keinen Guru, an keine Schlußfolgerungen, an kein Konzept, keine Ideen usw. gebunden sein. Wenn Sie an etwas gebunden sind, wenn Sie sich einer bestimmten Religion, einem besonderen Denksystem, einer bestimmten Meditationsmethode oder einem Glauben verschrieben haben, führt das ins Verderben. Ein festgelegter Geist, der Partei ergreift, gläubig ist, kann unmöglich da eindringen, kann nicht entdecken, ob sich der Geist selber umwandeln kann. Es ist sehr schwer, das zu akzeptieren, weil sich jeder Mensch für etwas einsetzen will, sich in solcher Verpflichtung geborgen fühlt. Wenn man einen Führer oder ein bestimmtes System hat, fühlt man sich geborgen. Und wenn Sie an einen bestimmten Menschen gebunden sind, können Sie beobachten, wie das Übel beginnt, denn in diesem Gebundensein liegen Angst, Haß und Sorge. Einer der Verderben bringenden Umstände ist Autorität. Können wir die Tatsache in uns selber sehen, daß Bindung an irgendetwas, an eine Person, einen Glauben, ein Konzept verderblich ist? Ob Sie nun Marxist, Leninist, Maoist sind, dem neuesten Guru folgen oder Anhänger eines besonderen Systems sind, immer ist das verderblich. Erkennen wir das als Tatsache? Wenn man an der Vorstellung hängt, ein Hindu zu sein, sehen Sie, was dann geschieht? Oder wenn Sie Katholik, Protestant, Buddhist oder ein Sektierer sind, sich einem theologischen oder demokratischen Konzept verbunden fühlen, sind Sie gebunden und daher nicht frei, dieses zu überprüfen. Aber Freiheit muß sein. Und Gefolgschaft oder die Anerkennung theologischer oder theoretischer Vorstellungen bedeutet in der geistigen Welt für Kopf und Herz Autorität und ist somit die Grundlage für Verdorbenheit. Erkennen Sie das? Nicht nur intellektuell, weil es sorgfältig erklärt und ausgedrückt wird, sondern weil Sie die Konsequenzen des Gebundenseins erkennen, sehen, wie es die Welt spaltet und dieses Chaos verursacht.

Wäre es möglich, sich selber Licht zu sein? Nicht abhängig vom Licht eines anderen? Unser Gehirn ist zu Autoritäts-Gehorsam erzogen worden. Zu Gehorsam nicht nur der notwendigen äußeren Autorität der Gesetze gegenüber, sondern auch bezüglich der psychologischen sog. spirituellen Autorität. Wir sind Sklaven dieser Autorität geworden, so daß wir von jenen kontrolliert, geformt, geduldet werden, die sagen: *Wir wissen, wir haben erreicht, wir werden euch sagen, was Ihr tun müßt, folgt uns. Wir werden Euch in den Himmel bringen, Euch von Euren Sünden erlösen ...*

Ein Geist, der sich so verpflichtet hat, kann niemals frei sein. Und ohne Freiheit kann man niemals entdecken, was die Wahrheit ist. Der Mann, der behauptet, erleuchtet zu sein, ist es nicht. Erleuchtung ist nicht etwas, das man erfährt. Erleuchtung ist ein Geisteszustand, der jenseits allen Denkens liegt.

Kann sich der Geist, das Gehirn, das zur Anerkennung von Autorität und besonderen Disziplinen erzogen wurde, sofort davon befreien? (Nicht von der Autorität der Gesetze, nicht von der des Polizisten. Vielleicht sind Sie mit der Polizei nicht einverstanden, aber sie ist Hüter der Allgemeinheit.) Können Sie jetzt die Konsequenzen erkennen, die sich aus dem Hinnehmen äußerer Autorität ergeben, aus dem Hinnehmen der Autorität Gottes, der vom Denken erfunden wurde, und der Autorität der weltweiten Priesterschaft, die behauptet: *Wir werden Euch helfen, dorthin zu gelangen* ... Wenn man solche Autorität akzeptiert, schafft man unvermeidlich nicht nur in sich selber Unordnung, sondern auch jene Unordnung, die das Ergebnis verschiedener Autoritäten, der islamischen, der buddhistischen usw. ist. Sie sind alle gegeneinander.

Wo also innerlich psychologische, spirituelle Autorität akzeptiert wird, muß es im Innern zu Unordnung und Widerspruch kommen. Man kann sagen: *Ich nehme diese Autorität hin, weil sie mir hilft, mir gefällt, ich mich beschützt fühle.* Dann ist man von einem anderen abhängig, und wenn man von einem anderen abhängt, sind Angst, Zwiespalt, Konflikte die Konsequenz, Konflikte, die sich aus dem Widerspruch zwischen dem, was man ist, und dem, was man sein sollte, ergeben.

Das Gehirn, das in dieser Unordnung lebt, geht von einem Guru zum nächsten. Wenn man hier keine Erleuchtung finden kann, reist man nach Japan oder Indien. Die Wahrheit ist dort, wo man selber ist, nicht in Indien noch in irgendeinem anderen Land oder bei einem anderen Volk. Die Wahrheit ist dort, wo man mit seinen Nöten, Sorgen, Schmerzen und Depressionen selber ist. Man muß das beenden und darüber hinausgelangen. Kein Mensch auf Erden kann einem diese Freiheit von Sorge und Angst schenken. Nur man selber kann das tun. Es ist vergebens und zwecklos, in andere Länder zu reisen, verschiedene spirituelle Autoritäten aufzusuchen und in ihren Konzentrationslagern, die man Ashrams nennt, zu leben. Dieses Spiel wird seit Jahrtausenden gespielt. Das ist nichts Neues. Seit 2000 Jahren spielen die Priester der westlichen Welt dieses Spiel. In Indien tun sie das noch seit viel längerer Zeit. Unser Zwiespalt entsteht nicht nur daraus, daß wir auf einen anderen schauen, sondern aus unserer Unfähigkeit, unverzerrt und vorurteilsfrei zu beobachten, was in einem selber wirklich vor sich geht. Wir brauchen Ordnung im Leben. Ordnung ist absolut notwendig. Ordnung ist nicht relativ. Es gibt nur Ordnung oder Unordnung. Es gibt kein Mittelding, nichts dazwischen. Wir müssen also entdecken, was Ordnung ist. Es gibt so etwas wie absolute Ordnung. Kosmos bedeutet Ordnung. Das Universum ist Ordnung, aber wir Menschen leben in Unordnung. In der Natur herrscht Ordnung, aber wenn der Mensch in die Natur eingreift, bringt er sie in Unordnung, weil er selber in Unordnung ist.

Was ist psychologische Ordnung? Ist Ordnung das Ende des Widerspruchs? Beobachten Sie Ihre eigene Struktur, Struktur im Sinne von Bewegung; denn Sie sind eine lebendige Wesenheit, und Lebendiges bewegt sich. Und diese lebendige Bewegung ist in Unordnung. Gelegentlich ist man vielleicht friedlich und ruhig. Aber dieser Friede, diese Ruhe und Stille sind vom Denken durch sog. Meditation erzeugt und keine wirkliche Stille, kein echter Friede. Muß der Mensch ewig in Unordnung leben? Unordnung und Ordnung können nicht Hand in Hand gehen. Ein unordentlicher Geist kann keine Ordnung finden. Daher muß man herausfinden, was in einem selber Unordnung hervorruft, anstatt zu entdecken versuchen, was Ordnung ist. Das ist, als versuchte ein blinder, unwissender Mensch den Himmel zu finden. Zuerst muß er frei von Unwissenheit sein.

Was verursacht Unordnung? Wir sagten neulich, daß das Ursächliche aufhören kann. Wo ein Anfang ist, muß auch ein Ende sein. Hat die Unordnung verschiedene Ursachen, oder ist es nur ein Faktor allein, der die Unordnung in unserem Leben verursacht? Ist man sich denn überhaupt bewußt, daß man in Unordnung lebt? Vielleicht hat man hier und da etwas Sonnenschein, aber meistens lebt man doch, so wie wir jetzt, mit Regen und Wolken. Wir sprechen hier nicht von gelegentlicher Ordnung, die in Wirklichkeit nur Vergessen der Unordnung ist. Unordnung muß sein, wo Widerspruch ist - nicht nur in Ihrer Handlungsweise, in Ihrem Denken, sondern im eigenen Verhalten, indem man das eine sagt und etwas ganz anderes tut. Solange man sich anpaßt, bleibt es bei der Unordnung. Anpassung an eine Idee, an ein Ideal, an eine von einem anderen geschaffene Vorstellung bringt Unordnung. Solange der Zwiespalt zwischen Handlung und Tatsache, zwischen unserem Denken und Handeln bestehen bleibt, solange der Mensch im Geiste versucht, das, was ist, in das, was sein sollte, zu verwandeln, muß es Unordnung geben. Die totalitäre kommunistische Welt hat ihre Theoretiker gemäß Marx, Engels, Lenin und Stalin, die ein Konzept, eine Welt der Ideologie geschaffen haben. Und jene, die dort an der Macht sind, Autorität haben, formen die Menschen dahingehend, daß sie sich dieser Ideologie anpassen. Das ist dasselbe, was alle Religionen getan haben. Da gibt es keinen großen Unterschied. Vielleicht gibt es zwischen der Welt des Totalitären, der Faschisten und der Welt der Religionen einen gewissen Unterschied. Aber sie folgen alle demselben Pfad, die einen vielleicht milde und sanftmütig, die anderen aggressiv, gewalttätig und furchterregend, aber es verläuft alles in derselben Richtung.

Solange das Denken unsere Handlungen beherrscht, muß es Unordnung geben. Denken ist die Reaktion des Gedächtnisses. Gedächtnis ist das Ergebnis von Erfahrungen und Wissen, was in den Gehirnzellen gespeichert ist. Das Denken hat seine Grenzen, weil Wissen immer begrenzt ist. Es gibt kein vollständiges Wissen. Sehen Sie, was der Mensch getan hat. Wahrscheinlich weiß er zutiefst und unbewußt, daß es kein vollständiges Wissen über irgendetwas geben kann, deshalb sagt er: *Gott ist allmächtig, allwissend* usw. Da er weiß, daß sein Wissen immer begrenzt sein muß, schafft er sich etwas, das allwissend und allmächtig ist und ringt darum, es zu erreichen.

Deshalb fragen wir: Ist das Denken für die Unordnung verantwortlich? Das Denken hat die Gegensätze erschaffen, das Gegenteil nicht die Tatsache. Z.B. ist man unglücklich, aber irgendwann hat man mal Glück gekannt. Die Erinnerung daran ist das Gegenteil vom Jetzigen. Das Denken ist der Urheber des Gegenteils, das nicht Tatsache ist. Tatsache ist das, was geschieht, was vor sich geht. Tatsache ist, daß die Menschen gewalttätig sind. Das ist eine Tatsache. Aber das Denken sagt, man sollte gewaltlos sein, was das Gegenteil des wirklichen Geschehens ist. Auf diese Weise gibt es einen Zwiespalt. Ohne den Gegensatz gibt es aber nur das eine, mit dem man sich dann befassen kann. Mit Tatsachen kann man sich befassen, nicht aber mit dem, was keine Tatsache ist.

Ist also der dauernde Versuch etwas zu werden die Grundursache unserer Unordnung? Man ist unwissend, also muß man mehr Wissen erlangen. Man ist zwiespältig, geschwätzig, also muß man still werden. Es ist dasselbe Prinzip wie jenes, das den Angestellten zum Geschäftsführer, den Priester zum Bischof, den Bischof zum Kardinal und den Kardinal zum Papst aufsteigen läßt. Man lebt in Unordnung und dann sagt man gedanklich: *Ich muß Ordnung in mein Leben bringen.* So wird ein Vorbild der Ordnung, eine Schablone von Werten, ein Verhaltensmuster geschaffen. Da das Denken selber in Unordnung ist, schafft es sich das, was es für Ordnung hält, und das ist der Anfang des Widerspruchs. Wenn das also die Ursache unseres unordentlichen Alltagslebens ist, kann diese Ursache aufhören. Folgen Sie vorsichtig: sie kann aufhören. Die nächste Frage wird lauten: Wie? Und damit ist man sofort wieder beim alten Prinzip der Fragestellung: *Sagen Sie mir, was zu tun ist.*

Man erkennt diese Tatsache, daß sich das Denken das Gegenteil schafft, welches dann Bedeutung erlangt, sodaß die Tatsache erträglicher wird, man sie überwinden kann. Angenommen ich bin gewalttätig. Das Denken erschafft sich den Gegensatz, weil es meint, durch diesen und somit durch Widerspruch von Gewalt frei werden zu können. Aber Widerspruch selber ist Gewalt.

Kann also der Geist, der nach dem Vorbild des Gegensätzlichen, dem Muster der Nicht-Tatsachen lebt, kann der Geist nur die Tatsache beobachten, ohne ihr auszuweichen? Wenn man ihr ausweicht, bedeutet das, daß man sie unterdrückt, daß man versucht, sich darüber hinwegzusetzen, sie zu umgehen, sie zu analysieren. Man versucht, der Tatsache der Gewalt auszuweichen.

Das Gehirn lebt also in dieser Schablone von Tatsache und Nicht-Tatsache und schafft sich damit den Zwiespalt. Wenn man die Fruchtlosigkeit, diese Absurdität erkennt, bleibt einem nur noch die Tatsache. Wie beobachtet man dann die Tatsache? Die Tatsache ist Gewalt. Gewalt ist ein widersprüchlicher Zustand, ein Zustand der spirituellen, philosophischen, ideellen oder psychologischen Gefolgschaft. Es kommt dabei zum Zwiespalt zwischen einem selber und dem anderen, dem Guru und einem selber. Und der kluge Guru sagt dann: *Wir sind alle eins.*

Wir fragen also: Kann man die Tatsache anschauen, ohne ihr auszuweichen, ohne ihr ein Motiv zu geben, was gleichbedeutend wäre mit einer Tendenz. Es gibt nur die Tatsache, nicht ihr Gegenteil. Wichtig ist die Tatsache – nicht, wie Sie die Tatsache auslegen. Derjenige, der die Tatsache auslegt, der Übersetzer, tut das in Übereinstimmung mit seinem erworbenen Wissen und entfernt sich damit von der Tatsache. Kann man also die Tatsache ohne denjenigen, der auslegt und interpretiert, beobachten? Ohne den Beobachter? Wenn zwischen der Tatsache und demjenigen, der sie auslegt, eine Teilung besteht, ist Widerspruch offensichtlich. Der, der auslegt, muß also abwesend sein, soll der Widerspruch aufhören. Dann gibt es nur noch reine Beobachtung. In der reinen Beobachtung gibt es aber auch die Tatsache nicht. Solange der Übersetzer etwas tut, hält er die Tatsache aufrecht. Aber wenn es keinen Übersetzer, keinen Interpreten, keinen Beobachter, keinen Denker gibt, ist auch die Tatsache nicht-existent.

Nachahmung, Anpassung, Vergleichen, Ärger, Haß, Eifersucht, Angst, Schmerz sind alles Tatsachen. Depressionen, gehobene Stimmungen, Schmerz sind Tatsachen. Wenn man sagt, etwas sei eine Tatsache - was heißt das? Ist es deshalb eine Tatsache, weil man sich durch die Vergangenheit dessen erinnert, was jetzt geschieht und es benennt? Man ist - sagen wir - geizig. Indem man das Wort "Geiz" verwendet, hat man die Tatsache identifiziert, denn man hat dieses Wort schon früher benutzt. Das, was wir Tatsache nennen, ist ein Wiedererkennen dessen, was jetzt geschieht, durch frühere Erfahrungen. Indem man es benennt, hat man es wiedererkannt, und damit hat man es in der Vergangenheit angesiedelt. Sehen Sie, was man getan hat?

Nehmen Sie ein sehr einfaches Beispiel: man ärgert sich. Im Augenblick des Ärgers erkennt man das nicht als Ärger. Da gibt es nur die Reaktion auf eine Kränkung oder was es auch sein mag. Im Augenblick der Reaktion gibt es kein Gefühl für *ich bin wütend.* Das geschieht erst eine oder zwei Sekunden später. Warum? Weil der Geist, das Denken die Tatsache gemäß vergangener Erinnerungen wiedererkennt. Auf diese Weise wird das, was jetzt ist, vergangenheitsbezogen behandelt, was dann den Zwiespalt weckt. Gibt es also eine wortlose Beobachtung der Heftigkeit, ohne daß man sie benennt und ohne Erinnerung? Im Augenblick, in dem der Prozeß des Wiedererkennens, des Denkens, einsetzt, wird es zur Nicht-Tatsache.

Man ist wütend. Im Augenblick der Wut kommt es zu einer Adrenalin-Ausschüttung. Ein paar Sekunden später sagt das Denken: *Ich war wütend,* was ein auf die Vergangenheit bezogenes Wiedererkennen des Geschehens ist. So sind Vergangenheit und Gegenwart im Widerspruch. Kann man also ohne das Wort, ohne den Übersetzer, den Denker beobachten? Ohne den, der sagt: *Ich erinnere mich daran, es ist wieder geschehen?* Das, was jetzt geschieht, ist niemals wiedergeschehen. Es ist nur die Erinnerung daran, die wiedergeschehen ist.

Das Muster, das Geist, Gehirn und Denken geschaffen haben, verursacht seit undenklichen Zeiten den Widerspruch. Wo es eine Ursache gibt, kann dieser ein Ende gesetzt werden. Die Ursache ist die Spaltung des wirklichen Geschehens vom Ideal, das sagt, was nicht geschehen sollte. Nur das, was gerade geschieht, ist eine Tatsache. Das wirkliche Geschehen ist die eigene Besorgnis, Angst, die verzweifelte Einsamkeit. In der Einsamkeit sagt man: *Ich weiß, was es bedeutet, einsam zu sein, weil ich das aus der Vergangenheit kenne.* So ist die Vergangenheit im Widerspruch mit der Gegenwart. Gibt es also eine Beobachtung ohne die Vergangenheit? Natürlich kann es sie geben, wenn die Tatsache nicht ist. Es ist der Übersetzer, der Denker, der Interpret, der Beobachter, der die Tatsache erschafft. Tatsache ist, daß ich wütend bin. In dem Moment, in dem man diese Tatsache mit vielen Worten und Ideen zu verhüllen versucht, wertet man sie auf, verstärkt sie. Sobald man aber aufhört, sie mit der vergangenen Geschichte zu verbinden, schwindet sie dahin. Versuchen Sie es!

5. öffentliche Rede 15. Juli 1980

In den religiösen Gemeinden des Westens darf man keine Zweifel hegen. Wenn man die religiösen Einrichtungen anzweifelte, wurde man entweder als Ketzer angeprangert oder gequält, verbrannt oder exkommuniziert. Im Osten hingegen wurde man zum Zweifel angeregt: Zweifelt an Euren eigenen Erfahrungen, am eigenen Denken und Glauben, damit sich der Geist von allen selbstauferlegten und aufgezwungenen Illusionen befreien kann. Hier im Westen gibt es besonders im religiösen Bereich viele Illusionen. Aber in Technik, Maschinenbau und im Geschäftsleben wurde Wissen durch Fragen und Zweifel erworben, so daß allmählich viel Wissen darüber gespeichert worden ist. Doch Zweifel im religiösen Bereich sind immer noch eine gefährliche Sache. Am christlichen Gefüge zu zweifeln bedeutet, das Wesen der Kirche herunterzuziehen.

Ich meine, Zweifel ist wichtig. Bezweifeln Sie, was der Sprecher sagt! Zweifeln Sie an dem, was er sagt! Forschen Sie, akzeptieren Sie niemals - weder die Worte des Sprechers, noch seine Gedanken oder Gefühle, noch Ihre eigenen Auslegungen des Gesagten, damit Ihr Geist, Ihr Gehirn aktiv bleiben und nicht bloß akzeptieren. Wenn Ihr an Euren Gurus zweifelt - so Ihr überhaupt welche habt -, wenn Ihr ihre selbstgeschaffene Erleuchtung anzweifelt, ihre Vorstellung, daß sie groß, daß sie Buddhas usw. seien, in Frage stellt - und solche Leute gibt es im Osten, die sich derartige Positionen anmaßen, die das von sich glauben - dann sagen sie: *Ihr wißt gar nichts. Wir wissen, also zweifelt nicht!* Wenn Ihr aber unbeirrt fortfahrt, in das Innere ihrer Herzen und Köpfe dringt, dann erforscht Ihr Euren eigenen Geist. Dann bezweifelt Ihr nämlich Eure eigenen Vorstellungen, Eure eigenen Werte, Eure eigenen Ideale. Dann beobachtet, forscht und schürft der Geist und dringt tief ein. Also zweifelt, bitte! Bitte, bewahrt einen fragenden Geist, der niemals weder die eigenen Erfahrungen noch die eines anderen einfach akzeptiert.

Wir wollen das ganze Wesen des Menschen untersuchen und anschauen. Wenn Ihr die Psychologen und Psychotherapeuten, die Philosophen, die frommen Theologen und die kommunistischen Theoretiker akzeptiert, werdet Ihr des einen oder anderen Sklaven werden und damit Eure eigene Freiheit zu forschen verleugnen. Hoffentlich ist das klar. Hören Sie deshalb hier nicht bloß zu, indem Sie das Gesagte entweder akzeptieren oder verwerfen, um dann Ihre eigenen Gedankengänge fortzusetzen, sich an den eigenen Standpunkt zu klammern oder Ihre eigenen spirituellen Erfahrungen zu bejahen. Erfahrung ist etwas, das geschieht, ein Erlebnis, das man hat – es ist entweder ein emotionelles, romantisches, illusionäres oder wirkliches Ereignis. Wirklich in dem Sinne, daß Sie eine gewisse emotionelle Reaktion haben könnten. Wenn Sie diese nicht anzweifeln, werden Sie zum Sklaven der Vorstellungen eines anderen.

Durch gemeinsames Denken wollen wir uns mit dieser Frage befassen, was wir sind, was unser Bewußtsein ist, wie wir aufgebaut sind. Mit dem Wort *bewußt* meinen wir unsere Meinungen, Urteile, Vorurteile, Ideale, Ängste, Vergnügen, den ganzen Inhalt unseres Daseins, wobei Mutmaßungen, Illusionen und Ideen miteingeschlossen sind. Ihr könnt ein Überbewußtsein erfinden, aber es ist immer noch Gedanke, der das Super erfindet. Bände sind über Bewußtsein und Überbewußtsein geschrieben worden, aber es liegt alles im gedanklichen Bereich und in den Dingen, die das Denken zusammengefügt hat.

Warum mißt der Mensch in aller Welt dem Vergnügen so große Bedeutung bei? Warum müßt Ihr oder andere unentwegt der Lust folgen - nicht nur im sexuellen Bereich mit all seinen Bildern vergangener Erlebnisse, die das Gedächtnis verwahrt. Warum dieses fortgesetzte Erschaffen von Vorstellungen, denen man dann folgt? Und wozu diese Suche nach der Freude am Besitz, egal ob es sich um weltlichen Besitz handelt oder um den bestimmter Werte, Erfahrungen, Wissen?

Und es gibt auch die Lust, anderen helfen zu wollen. Ich weiß nicht, ob Sie schon darüber nachgedacht haben. Es gibt diese Lust der Macht, sowohl im Physischen als auch im Psychologischen, die Macht sog. übersinnlicher Wahrnehmung, die Macht und die Lust, über andere Menschen zu herrschen, sie zu führen. Wir fragen jetzt, warum die Menschen vom Zeitenbeginn an diesen besonderen Aspekt des Lebens mehr verfolgt haben als irgendeinen anderen? Suchen und Finden ist Lust. Die Suche nach Gott ist Lust, was immer das bedeuten mag. Auch gibt es die Lust, die aus der Beherrschung von Körper oder Geist erwächst, und auch fortgesetzte Zucht und Einschränkung bereiten Lust. Es gibt viele Formen der Lust. Vereitelte Lust verwandelt sich in Gewaltsamkeit, in Aggressivität und nimmt verschiedene Formen an, die aus der Verneinung dessen, was man wünscht, erwachsen.

In welchem Verhältnis stehen Verlangen, Lust, Wille

und Liebe zueinander? Ist Liebe Lust? Ist Liebe Verlangen? Oder ist Liebe etwas ganz anderes? Liebe ist im Sexuellen wie auch in anderer Hinsicht zur Lust geworden. Was für eine Beziehung besteht zwischen Lust und Verlangen? Anscheinend gehören die beiden zusammen. Man begehrt ein Haus oder eine Frau, einen Mann, einen Titel, Wissen, Status, Macht – das ist alles Verlangen. Wo Verlangen ist, tritt auch der Wille in Aktion, der diesem Verlangen nachgeht. Man muß sehr tief nachforschen, wenn man entdecken will, ob es eine letzte Wahrheit gibt, ob da eine Urquelle ist, ein Urgrund, aus dem alles Leben entsprungen ist. Wenn man in diese Tiefe eindringen will, um zu entdecken, ob es so etwas gibt, muß man frei von Illusionen sein. Aber die Illusion bleibt bestehen, solange das Verlangen nach Lust und Vergnügen mit Angst und Schmerz im Gefolge noch da ist.

Wir werden uns also mit dem Wesen des Verlangens, das unser Leben beherrscht, befassen, dem Verlangen nach Macht, nach Verstehen, dem Verlangen, das ewige Glück zu finden, Gott, dieses innere Verzehren, das man Verlangen nennt, diese Flamme der Unzufriedenheit. Solange man diese Unzufriedenheit nicht versteht, sie nicht enthüllt, sie nicht auflöst, um zu entdecken, was hinter Unzufriedenheit und Verlangen liegt, müssen wir weiter Illusionen erschaffen, Illusionen in unseren mitmenschlichen Beziehungen, Illusionen in bezug auf das, was Wahrheit ist oder ob es etwas jenseits aller Zeit gibt.

Warum sind die Menschen nicht in der Lage, dieses Problem beständigen Verlangens und des Dranges nach Erfüllung und Identifikation zu lösen? Wenn diese Wünsche nicht erfüllt werden, entsteht dieses zwiespältige, bittere, böse Gefühl mit all den anderen Reaktionen.

Die Mönche in aller Welt identifizieren sich mit etwas Höherem. Sie haben das gleiche Verlangen wie jeder andere Mensch, aber sie identifizieren sich mit Jesus, Krishna, Buddha oder konzentrieren sich auf ein Symbol, eine Idee, ein Konzept. Doch ist das immer noch Verlangen. Seit jeher versuchen Mönche und Priester in aller Welt, das Verlangen auf verschiedene Weise zu unterdrücken, um sich davon zu befreien. Sie züchtigen sich körperlich durch Einsamkeit, indem sie fasten, nie eine Frau oder einen Mann anschauen, nicht die Natur, die Schönheit der Hügel, der Ströme und des Wassers betrachten, weil das alles Verlangen weckt. Wenn die westlichen Mönche spazierengehen, den Katechismus lesen, schauen sie niemals jemanden an. Dasselbe passiert in Kashmir. Ich ging einmal hinter einer Gruppe von Mönchen her. Das Land war wunderschön, voll lieblicher Hügel, Vögel, Blumen, plätscherndes Wasser und in der Ferne ein Flötenspiel. Aber diese Mönche waren nur auf die Wiederholung von Mantras konzentriert, weil Verlangen entstehen könnte, sobald sie diese besondere Konzentration beenden würden.

So wollen wir also gemeinsam ohne zu unterdrücken, ohne auszuweichen, tendenz- und motivlos entdecken, was Verlangen ist und in welchem Verhältnis es zur Lust steht und wie das Handeln dem Willen entspringt. Das betrifft unser Leben. Wir sprechen nicht über Ideologisches, etwas das außerhalb des Lebens liegt, sondern über das Leben selber, unsere Lebensart, unser tägliches, langweiliges, einsames, verzweifeltes Leben. Sie können dem durch Sozialarbeit, durch Reisen in fremde Länder, um anderen zu helfen, entfliehen. Aber ehe wir einem anderen helfen können, müssen wir erst uns selber verstehen.

Die meisten unserer Handlungen werden vom Willen bestimmt. *Ich will das machen, ich will das werden, ich will das nicht tun, ich sollte das tun* - der Willensakt. *Ich will meditieren. Ich will dieser Person und keiner anderen folgen.* Der Wille hat teil an unserer Gewaltsamkeit, und um ihn verstehen zu können, müssen wir das Verlangen untersuchen, denn der Wille ist der Kern des Verlangens. Ist Verlangen etwas Schönes, Wertvolles, an dem der Geist festhält, um sich zu bereichern? Gibt es dem Leben einen Sinn? Verhilft es Herz und Kopf zur Blüte? Nicht zum Werden sondern zur Blüte. Zwischen der Schönheit des Erblühens und dem Streben, etwas zu werden, ist ein Unterschied. Birgt Verlangen Schönheit? Oder ist es immer mit Streben, Unzufriedenheit, Bitterkeit und Sorge verbunden? Entweder warten Sie jetzt darauf, daß es der Sprecher Ihnen erklärt und Sie etwas empfangen, was mich in die Rolle Ihres Gurus versetzt, jemand, der Ihnen helfen wird, was überhaupt nicht in der Absicht des Sprechers liegt. Oder wir denken, arbeiten, überlegen gemeinsam, so daß es weder Lehrer noch Schüler gibt. Dann gibt es nur den Vorgang des Lernens.

Lernen, wie wir es bisher kennen, bedeutet Wissen anzusammeln und danach zu handeln, Bücher zu lesen, die Schule, das College, die Universität zu besuchen oder in die Praxis hinauszugehen und durch diese zu lernen. Beides ist ein- und dasselbe. Zur Schule, ins College, in die Universität zu gehen, lernen, lernen, lernen, Informationen und Wissen sammeln und mit diesem Wissen als Rechtsanwalt, Geschäftsmann, Koch, Tischler, Ingenieur, Wissenschaftler, Arzt usw. ins Leben zu gehen. Oder ohne Wissen in die Praxis zu gehen und aus dieser Praxis zu lernen. Was dasselbe ist. Beides resultiert in der Ansammlung von Wissen, und das nennen wir lernen. Es gibt eine ganz andere Art des Lernens.

Ihr Geist ist niemals still, vielleicht gelegentlich. Er ist niemals still im Sinne reiner Beobachtung. Beobachtung nicht nur des Himmels und der Erde, sondern auch um still und ganz ohne Gedanken Ihre ganze geistige Struktur, Ihr Sein zu beobachten. Wenn Sie so motivlos, ohne Tendenz oder Verlangen beobachten, wandelt sich diese Beobachtung in Einsicht, die nicht gesammeltes Wissen ist, sondern durch die man lernt, sofort und dem Beobachteten gemäß zu handeln. Unser Gehirn ist an dieses Wissen gewöhnt, dazu erzogen, dazu konditioniert worden. Wissen ist zur wichtigsten Grundlage unseres Handelns geworden. Das ist das einzige, was wir wissen. Deshalb ist unser Handeln immer unvollständig, weil unser Wissen unvollständig ist. Deshalb muß jede Handlung, die diesem Wissen entspringt, Stückwerk sein und mit Bedauern, Angst, Kränkung, Einwilligung, Anpassung, Imitation, Vergleichen verbunden sein. Wir sprechen nun von einem Handeln, das nicht so ist. Ein Handeln, das nicht der Erinnerung entspringt. Ein Handeln, das spontan ist. Ein spontanes Handeln, das der Wahrnehmung folgt.

Handeln aufgrund von Wissen ist immer beschränkt, weil Wissen und Gedanke beschränkt sind.

Deshalb fragt man: Gibt es überhaupt ein Handeln, das total, vollständig ist, ein zwangloses Tun ohne Reue, ohne zurück in die Vergangenheit oder nach vorn in die Zukunft zu blicken, etwas vollkommen Harmonisches? Das gibt es. Es liegt in der Kunst der Beobachtung, in der Kunst des Sehens, und das wird nur in der reinen Wahrnehmung möglich, wenn Vorurteil, Tendenz und Motiv fehlen.

Kann man frei von Motivation beobachten? Kann man denn nicht damit aufhören, der Beobachtung eine Tendenz zu geben, sondern nur beobachten? Zu sehen, wie nichtig es ist, z.B. spirituelle Autorität zu akzeptieren. Sehen Sie, was diese dem menschlichen Geist angetan hat, was sie in der Welt angerichtet hat, die Spaltungen, die hierarchische Einstellung zum Leben. Erkennen Sie es. Es ist nicht nötig, daß man Bücher liest, daß man den Buddhismus, Hinduismus, das Christentum untersucht, um zu entdecken, daß sie alle mehr oder weniger dasselbe sind. Das meine ich nicht. Es ist auch nicht nötig, es durch Analyse herauszufinden. Man muß nur einfach beobachten, sehen, daß die Anerkennung spiritueller Autorität zerstörerisch ist. Ohne Freiheit gibt es keine Beobachtung. Wenn Sie frei beobachten, enthüllt sich Ihnen das ganze Wesen der Autorität; denn Ihr freier Geist verfügt dann über große Energie und jene Fähigkeit, die er zur Beobachtung benötigt. In solcher Beobachtung ist man frei von aller Autorität, und das ist Einsicht. Und diese Einsicht ist Intelligenz, die das Wesen des Lernens ist.

Jetzt machen Sie dasselbe mit Verlangen. Beobachten Sie es, ohne es loswerden oder entschuldigen zu wollen. Beobachten Sie ohne Argumente, was daran schlecht ist usw. und wie es ensteht. Vielleicht sind die Wunschobjekte unterschiedlich. Sie wollen vielleicht ein besseres Haus, jemand anderes will eine bessere Frau oder einen Mann oder eine Position oder ein neues Spielzeug oder einen neuen Guru. Wir sprechen auch nicht über die Objekte sondern über Verlangen an sich. Wir beobachten, und diese Beobachtung enthüllt uns seinen Verlauf.

Wir fragen: Woher kommt das Verlangen, und was ist sein Wesen? Das ist ganz einfach. Sehen, berühren, fühlen. Sehen - die Frau, das Haus, das Auto, dies oder das - sehen, die visuelle Wahrnehmung, Kontakt, Berührung, Gefühl. Dann macht sich das Denken die Vorstellung, in diesem Haus leben zu können oder wie es wäre, wenn man mit dieser Frau, diesem Mann zusammen wäre oder wenn man dieses Auto fahren würde. Damit fängt das Verlangen an.

Man sieht diese Kordhosen, man berührt sie, fühlt sie. Dann sagt der Verstand: *Wie schön, was für eine schöne Farbe, ich möchte die haben.* Das ist der Anfang des Verlangens. Wo ein Sinnesreiz entsteht, die Sinne in Aktion treten, schafft sich das Denken eine Vorstellung, und in diesem Augenblick tritt das Verlangen ins Dasein.

Warum schafft sich das Denken solche Vorstellungen? Das ist ein sehr interessanter Punkt, wenn Sie ihn näher betrachten. Warum erzeugt das Denken das Bild, Symbole oder Ideen in seiner Vorstellung? Die Vorstellung, die das Denken zwischen zwei Menschen aufbaut, zwischen Mann und Frau, wie intim sie auch sein mögen. Das ständige Ausbauen und Hinzufügen zu dieser Vorstellung. Warum verläuft das Denken fortwährend in diesem Prozeß der Vorstellungsbildung? Es ist ganz natürlich, sensibel und vernünftig, daß man etwas Schönes berühren möchte, wenn man es sieht. Wenn das nicht so ist, stimmt etwas mit dem Nervensystem nicht. Dann ist der Körper nicht sensibel, nicht wach. Bis zu diesem Punkt ist also alles in Ordnung. Aber dann kommt es zum Denkvorgang, eine Vorstellung entsteht, die den ganzen begehrlichen Vorgang mit der Jagd nach dem gewünschten Objekt und seiner Gewinnung und Lustbereitung nach sich zieht.

Kann nun das Denken, das auch Sinnesreiz ist, erkennen, daß der Zwiespalt einsetzt, sobald dieser Vorgang des Verlangens beginnt? Das würde bedeuten, daß das Denken das Wesen der Vorstellungen erkennt und warum es solche schafft. Das Denken selber sollte das erkennen. Dann verwandelt sich das Verlangen in etwas ganz anderes. Dann entsteht kein Zwiespalt. Wo Verlangen und seine vom Denken erschaffene Wunschvorstellung ist, muß auch die Jagd nach dem Vergnügen sein. Wenn Vergnügen vereitelt wird, entstehen Angst und Widerstreit oder Gewalt. Das ist die Wurzel der Gewalt. Wenn man sich sehr tief mit dem Ende der Gewalt befaßt, versteht man Lust und Verlangen. Wenn man diesen Vorgang nicht intellektuell sondern als echten Vorgang im eigenen Leben erkennt, entdeckt man, daß Freude etwas ganz anderes als Lust ist.

Wenn Sie die Berge, die Hügel an einem klaren Tag betrachten, den wunderbar blauen Himmel, die Schneegrenze auf den Bergen, die Täler und das Wasser sehen, die Helligkeit und den Glanz des Tages anschauen, ist das Freude. Was sollte da nicht stimmen? Es ist vollkommen und wunderbar zu fühlen. Aber das Denken sagt: *Hoffentlich kann ich das auch noch morgen haben, wenn ich wiederkomme.* Damit wird die Wahrnehmung, das Freudegefühl zur Erinnerung, und diese wird zum Vergnügen, weil das Denken ein Bild jenes wunderschönen Morgens aufgebaut hat, der dann als Erinnerung erneut gesucht wird. Warum sollte die Schönheit des Morgens überhaupt aufgezeichnet werden? Da ist die echte Freude an diesem Morgen, die Stille, die Ruhe. Jedes Blatt ist lebendig, und die Bäume bewegen sich sacht. Da ist das Gefühl, das besondere Gefühl von der Schönheit dieses

Morgens. Das ist geschehen. Vorbei. Aber das Gehirn hat das als eine Erinnerung aufgezeichnet, und dann sagt das Denken: *Hoffentlich habe ich auch morgen dasselbe erregende Gefühl dieser Schönheit.* Warum sollte das Gehirn dieses Ereignis überhaupt aufzeichnen? Es ist ja vorbei. Sobald diese Aufzeichnung: *Ich muß das morgen wiederhaben,* da ist, sieht man es ja nicht zum ersten Mal, wenn die Schönheit am nächsten Morgen erscheint. Wenn Freude aufgezeichnet wird, dann wird diese Aufzeichnung zur Jagd nach Lust. Es ist nicht die Schönheit jenes Augenblicks, sondern es ist erinnerte Schönheit, und das ist nicht Schönheit. Lust geht unvermeidlich mit Angst Hand in Hand.

Die Angst ist sehr tief im Menschen verwurzelt. Und wo Angst ist, ist auch Dunkelheit. Und der menschliche Geist, einschließlich des Gehirns, lebt mit der Angst. Angst vor Einsamkeit, Angst vor Erfolglosigkeit, Angst vor Verlust, Angst vor Mangel an Sicherheit, Angst vor der Liebe, Angst vor Abhängigkeit, Bindungsangst. Wir kennen das alles. Jeder Mensch hat diese tief wurzelnde Angst. Und der Geist lebt damit, akzeptiert sie, so wie wir gegenwärtig den Terrorismus, den Totalitarismus, die Kriege akzeptieren. Die Stammesteilungen, die man Nationalitäten nennt, die Spaltungen in Religionen – wir akzeptieren das alles. Und wir wagen es nicht, irgendetwas anzuzweifeln. Und wenn wir es tun, haben wir Angst. So werden wir mit Angst geboren und sterben in Angst. Und das ist eine Tragödie. Wir fragen uns niemals, ob die Angst ganz aufhören kann. Anscheinend ist das wie mit einer unheilbaren Krankheit. Wir fragen, fordern oder untersuchen niemals, ob die Angst ganz aufhören kann. Ist es Angst vor etwas oder um etwas? Oder ist Angst etwas ganz anderes als das Objekt der Angst? Man hat Angst vor der Dunkelheit. Angst davor, seinen

Job zu verlieren, Angst davor, daß einem die Frau davonläuft oder der Mann hinter einer anderen her ist. Oder man hat Angst vor dem Alleinsein. Es ist immer Angst vor etwas oder um etwas. Gibt es Angst an sich? Oder ist es immer vor oder um etwas? Ist Angst eingeboren? Wie das Blut, wie die Zellen, wie Riechen, Hören, Sehen? Oder ist es das Wesen der Angst, etwas zu wünschen – Wunsch nach Sicherheit, Wunsch, der Einsamkeit zu entrinnen, der Wunsch, etwas zu sein?

Oder hat Angst nichts mit wünschen, suchen, fliehen in Vergangenheit, Gegenwart oder Zukuft zu tun? Existiert sie vielmehr für sich, solange diese Bewegung des Zeitlichen und des Denkens bestehen bleibt? Man hat Angst vor der Einsamkeit. Die meisten von uns kennen das wahrscheinlich. Oder man hat Angst, den Job oder etwas anderes zu verlieren. Wenn man verheiratet ist und Kinder hat, solange alle beisammen sind, denkt man nicht an Einsamkeit. Sie ist ja nicht da. Aber wenn man älter wird und die Kinder gegangen sind, entdeckt man plötzlich, daß man alt ist, einsam und unglücklich ist. Und das erzeugt Angst.

Man hat Angst vor dem Tod, vor etwas, das in der Zukunft mal geschehen wird – nicht sofort, denn jetzt ist man ja hier. So weicht man dem Tod und dem Gedanken ans Sterben aus, das vielleicht in ein paar Jahren sein wird. Ist also Angst eine Konsequenz der Zeit und des Denkens? Oder sind Zeit und Denken dasselbe? Man hat in der Vergangenheit etwas getan und hat Angst davor, denn es ist weder schön noch angenehm. Und so hat man Angst, daß es wieder hochkommen und einen bedrängen könnte. So ist es die Erinnerung an das vergangene unangenehme Ereignis, an etwas Vergangenes – und das ist ein gedanklicher Vorgang. Und der gedankliche Vorgang ist ein zeitlicher Vorgang. So ist Angst ein zeitlicher und ein gedanklicher Vorgang.

Wenn man jetzt sterben müßte, gäbe es keine Angst. Es ist dann eben vorbei. Aber man will noch zehn Jahre leben und man hofft, daß zwischendurch nichts passieren wird. Also ist Angst Zeit. Wenn man das einmal verstanden hat, Zeit und Denken so ganz versteht, dann hört die Angst auf. Deshalb ist es sehr wichtig, das Wesen der psychologischen Zeit zu begreifen.

Was ist Zeit, abgesehen von gestern, heute und morgen, abgesehen davon, daß man Zeit braucht, eine Sprache oder anderes zu lernen, daß man Zeit braucht, um von hier nach Lausanne zu gelangen. Zeit als Sonnenauf- und -untergang ist eine Tatsache. Aber gibt es abgesehen davon noch eine andere Zeit? Anscheinend ja. *Ich werde sein. Ich werde erfolgreich sein. Jetzt bin ich es nicht, aber ich werde es sein. Ich bin wütend. Gib' mir Zeit und ich werde den Zorn überwinden.* Es gibt also physische und psychologische Zeit. Und nun fragt man sich, ob es überhaupt eine psychologische Zeit gibt. Man hat psychologische Zeit akzeptiert. *Ich werde etwas werden* – Minister,Regierender, Politiker, was eine Hoffnung ist. Man hat die psychologische Zeit akzeptiert, was eine Illusion sein mag, obgleich alle Heiligen, alle frommen Leute, alle Philosophen sagen, daß man Zeit braucht. Psychologische Zeit als Mittel zum Erfolg – das bezweifeln wir jetzt. Wir fragen, ob das so ist. Anscheinend ist es so. Aber stimmt das auch?

Ich bin nicht, und ich werde sein. Diese Bewegung von dem, was ist, auf das zu, was sein sollte, ist psychologische Zeit. Man lebt damit, akzeptiert es. Es ist Teil unserer Natur, unseres Geistes, Herzens, Gehirns. Ich bezweifle es und akzeptiere es nicht. Das heißt: Gibt es das, daß man psychologisch etwas wird? In Wirklichkeit? Da ist das, was ist und das, was sein sollte. Das, was ist, sind Wut, Eifersucht, Geiz, Einsamkeit und die Fortbewegung von dem, was ist, auf das zu, was sein könnte, sollte, was man erhofft. Das ist psychologische Zeit. Aber ist das, was sein sollte, eine Wirklichkeit? Das, was sein sollte, könnte nicht sein! Aber das, was ist, ist so! Es ist so. Wenn es so ist, warum bewegt sich der Geist fort von dem, was ist, auf das zu, was sein könnte? Warum ist er unfähig zu erleben, zu verstehen, zu beobachten, was ist? Warum diese Fluchtbewegung fort von dem, was ist? Warum leben wir psychologisch nicht mit dem, was ist? Warum verharren wir nicht bei dem, was ist? Die Fortbewegung von dem, was ist, ist Zeit. Sobald keine Fortbewegung von dem, was ist, mehr stattfindet, gibt es auch keine psychologische Zeit.

Kann also der Geist das beobachten, was ist? Ohne sich in irgendeine horizontale oder vertikale Richtung fortzubewegen, sondern nur beobachten, was ist. In dieser Beobachtung gibt es überhaupt keine Zeit. Man hat die psychologische Zeit akzeptiert, und wenn Sie sorgfältig, reaktionslos und motivlos untersuchen, werden Sie erkennen, daß das, was ist, von größter Bedeutung ist und nicht das, was nicht ist. Dann schwindet in solcher Beobachtung das dahin, was ist. Das, was ist, schwindet dahin. Es ist verschwendete Energie, sich davon zu entfernen. Aber Beobachtung bedeutet, daß man dem, was ist, volle Aufmerksamkeit zukommen läßt. Es ist die Beobachtung reiner Energie. Wo reine Energie ist, ist volle aufmerksamkeit. Wo Unaufmerksamkeit ist, bewegt man sich von dem fort, was ist.

Wenn man eifersüchtig ist, dann ist das so – das ist das,

was ist. Wenn man dann sagt: *Warum sollte ich nicht eifersüchtig sein? Die Eifersucht ist berechtigt,* bedeutet das, daß man sich von der zentralen Tatsache der Eifersucht wegbewegt. Jeder analysierende oder rechtfertigende Vorgang bedeutet ein Sich-Entfernen und ist verschwendete Energie. Er beseitigt nicht die Eifersucht. Aber wenn man ganz und gar nur beobachtet, also ohne das Motiv, das was ist, auflösen zu wollen - dann liegt in dieser reinen Wahrnehmung die ungeteilte Aufmerksamkeit und damit Ihre ganze Energie. In der ungeteilten Aufmerksamkeit gibt es keine Eifersucht mehr. Eifersucht setzt nur mit Unaufmerksamkeit ein.

6. Öffentliche Rede
17. Juli 1980

Heute möchte ich über die Kunst des Zuhörens sprechen. Das Wort *Kunst* bedeutet, allem seinen rechten Platz zu geben. Es bedeutet Ordnung. Nicht nur physische Ordnung in dem Zimmer, in dem man lebt, zu haben, sondern auch Ordnung in einem selber. Und es gibt auch eine Ordnung im Zuhören. Wir hören nicht nur mit unseren Ohren, sondern mit etwas viel Tieferem, das über das Ohr hinausgeht. Worte, die man hört, werden ins Gehirn weitergeleitet, und ihre Bedeutung wird dort ermittelt und entweder akzeptiert oder abgewiesen. Je nachdem, in welchem Zustand man sich befindet. Das ist das, was wir im allgemeinen tun und was wir das Hören nennen. Mit den Ohren zu hören, und das Gehörte mittels der Nerven ins Gehirn weiterzuleiten. Dort erfolgt dann die Auslegung der verwendeten Worte mit Annahme oder Zurückweisung. Aber es gibt noch eine andere Art des Zuhörens, nämlich nicht nur mit den Ohren zu hören, sondern unbewußt - wenn man das Wort verwenden darf - tiefer zu hören. Wenn Sie die Wahrheit einer Aussage, die der Sprecher macht, entdecken wollen, müssen Sie nicht nur intellektuell und mit angemessener Skepsis zuhören, sondern auch ohne inneren Widerstand, was nicht bedeutet, daß man das Gesagte akzeptiert. Hören Sie tief und mit großer Aufmerksamkeit zu, so daß durch diesen Akt des Hörens die Denkschablone des Gehirns zusammenbricht!

Das Gehirn funktioniert innerhalb eines bestimmten

Musters, einer Schablone. Das kann eine moderne oder eine alte, eine traditionelle oder eine traditionslose Schablone sein. Das Gehirn arbeitet innerhalb bestimmter Bahnen religiöser, politischer, ökonomischer oder sozialer Art, die immer getrennt voneinander verlaufen. Das also bedeutet Zuhören mit ganzer Aufmerksamkeit: Es löst das Muster, nach dem das Gehirn funktioniert, auf.

Angenommen man hört folgende Aussage: Die Gegenwart bekommt durch die Vergangenheit ihren Sinn, und deshalb hat die Gegenwart keinen Sinn. Man hört diese Aussage nicht nur mit den Ohren, sondern man hört auch zu, um ihre Wahrheit oder ihre Fälschlichkeit, die Bedeutung oder die Tiefe dieser Wahrheit zu entdecken. Und das ist unmöglich, wenn Sie nur intellektuell aufnehmen. Entweder ist man willens, ganz zuzuhören, daß es soz. bei Ihnen *innerlich* klingelt, Ihnen die Wahrheit dieser Aussage aufgeht, oder der Intellekt beginnt mit der Auslegung des Gesagten. Die Kunst des Zuhörens ist die totale Antwort der gesamten Geistes- und Gehirnstruktur. Sie ist die ganze, harmonische, tendenzlose Antwort ohne Interpretation, die im Akt des Zuhörens ist.

Wir wollen über die Frage sprechen, ob das Leid jemals aufhören kann. Und zwar nicht nur das sogenannte persönliche Leid, sondern das universale Leid der Menschheit. Das Leid des sogenannten Individuums ist dasselbe wie das der Menschheit. Leid bleibt Leid, egal ob es das Ihre, meines oder das eines anderen ist. Vielleicht legen wir es verschieden aus. Die Ursachen sind vielleicht verschieden, aber im wesentlichen ist das Leid etwas, das allen Menschen gemeinsam ist. Deshalb ist es nicht Ihr Leid, sondern menschliches Leid. Ob wir diese

Aussage hinnehmen können, da sich doch die meisten von uns als Individualisten betrachten. Dazu sind wir erzogen worden. Unsere Kultur besagt das. Man hält daran fest, daß man nicht nur im Biologischen, sondern auch innerlich, im Psychologischen, ein Individuum ist. Man beharrt darauf, daß sich die eigenen Sorgen von denen der anderen unterscheiden, daß unsere Ängste und Befürchtungen, unsere Sorgen und Verzweiflung persönlicher Art sind und nichts mit denen der anderen zu tun haben, einem selber gehören. Diese Individualität wird von jeher von den Religionen unterstützt. Es heißt, individuelle Seelen werden erlöst werden usw. usw. In der asiatischen Welt muß das Individuum für sich allein ins Nirvana, in den Himmel oder nach Moksha streben. Seit Jahrhunderten besteht diese Auffassung, daß man ein getrenntes menschliches Wesen ist. Und weil man ein getrenntes, individuelles, menschliches Wesen ist, meint man, man wäre frei, zu tun, was man will, auf diesem oder jenem Pfad zu gehen, diesem oder jenem Guru oder bestimmten Idealen usw. zu folgen. Man sollte fragen und bezweifeln, ob man wirklich ein Individuum ist, und entdecken, ob es sich um eine Illusion handelt, die durch die Erziehung und von der Vorstellung genährt wird, daß man sich im Wesentlichen von anderen unterscheidet.

Das Wort Individuum bedeutet: ungeteilt, unteilbar. Aber wir sind nicht unteilbar, wir sind zersplittert, zerrissen, teilbar und dauernd im Widerspruch. Wenn Sie die psychologische Struktur eines jeden Menschen untersuchen, finden Sie überall, wo immer Sie auch leben, ob im Osten oder im Westen, den gemeinsamen Umstand, daß es alle Menschen sehr schwer haben, daß sie in Not sind, daß sie ängstlich, verwirrt, deprimiert oder verzweifelt sind. Das ist ein allen gemeinsamer psychologischer Umstand. Sie sind keine abgetrennte psychologische Wesenheit. Das ist für die meisten Leute sehr schwer einzusehen oder auch nur zu hören, denn sie sind so beschaffen. Ihre ganze Kultur gründet auf individueller Erlösung, basiert darauf, von einem Heiland erlöst zu werden und daß das Individuum ewig danach streben muß, etwas im Gegensatz zu allen anderen zu werden. Erkennen Sie also durchs Zuhören die hierin liegende Wahrheit. Wahrscheinlich werden es die meisten von Ihnen zurückweisen. Erkennen Sie Ihre eigene Beschaffenheit durch Eigenbeobachtung und nicht durch Analyse. Und entdecken Sie dabei, daß Sie psychologisch nichts anderes sind. Wenn Sie Ihre Fähigkeit zur vorurteilslosen und rückhaltlosen Beobachtung üben, dann können wir gemeinsam über Not und Leid der Menschheit sprechen.

Die Welt ist Sie, und Sie sind die Welt. Man ist körperlich verschieden. Man ist groß oder klein, dunkelhaarig oder blond, hat schwarze, weiße, gelbe oder rote Haut, aber die menschliche Natur ist universell auf dieser Erde, der niemand zu entgehen scheint.

Das Leid entsteht auf mannigfaltige Art: durch den Tod eines Anderen oder durch eigenes Versagen, dadurch daß man ein Ziel nicht erreicht hat, die Erfolgsleiter im religiösen oder sog. spirituellen Bereich oder in der äußeren Welt nicht hinaufklettern kann, oder durch den Verlust des Arbeitsplatzes oder durch die Angst vor der Gefahr großer Einsamkeit. So viele Umstände tragen zum Leid bei – der Tod, Krankheit, das Alter, körperliche und psychologische Gebrechlichkeit, Neurosen. Es ist für den Abendländer wie für den Asiaten schwer, eine solche Aussage hinzunehmen. Aber wenn man genau und vorurteilslos untersucht, entdeckt man dieses ständige Streben, körperlich oder psychologisch etwas werden zu wollen. Etwas zu werden. Dieses Etwas wird vom Geist als Idee, als Konzept projektiert, nach dessen Erreichung man strebt. Aber das, was als Ideal projektiert wird, ist vom Denken aufgebaut, zusammengefügt. Ein Mensch, der innerhalb dieses begrenzten Bereichs nach etwas strebt, ist entweder irgendwie nicht ausgeglichen oder beobachtet nicht.

Seit jeher lebt der Mensch mit dem Leid. Es hat 5000 Kriege in der Geschichte gegeben. Und Sie können sich vorstellen, was es an Tränen, Wunden, Schmerzen, Angst, Brutalität und Grausamkeit in diesen 5000 Jahren gegeben hat. Und wir machen immer so weiter. In diesen vielen Jahrtausenden war der Mensch unfähig, dieses große Problem zu lösen und damit aufzuhören, so daß eine neue Kraft entsteht, die sich von der Kraft des Denkens, der Schmerzen und des Leids ganz und gar unterscheidet. Warum nimmt der Mensch Leid auf sich? Wenn es dafür eine Ursache gibt, kann man damit aufhören. Was eine Ursache hat, hat auch ein Ende. So fragen wir als Menschen nicht als Individuum, warum die Menschheit, Sie und andere, mit dieser Angst, mit diesem inneren und äußeren Konflikt leben. Warum ist die Menschheit niemals davon frei? Wenn man sich dessen bewußt wird - bewußt in dem Sinne, daß man seine wirklichen Sorgen und nicht die erfundenen beobachtet, die echte Verzweiflung, die wirklich schreckliche Einsamkeit und das Verlustgefühl spürt –, dann erkennt man die Hoffnungslosigkeit eines Lebens, das keinen Sinn hat. Man kann einen Sinn erfinden. Wenn Sie aber wirklich beobachten, hat das Leben, so wie es gelebt wird, keinen Sinn.

Was ist Leid? Das Wort Leid hängt mit dem Wort Leidenschaft zusammen. Diese beiden Worte Leid und Leidenschaft - nicht Lust, kein sexuelles Begehren, sondern Leidenschaft - gehören zusammen. Wenn man viel leidet, weil man jemanden verloren hat, den man "liebte", und plötzlich ist man ganz einsam, beziehungslos und isoliert, weil man sich auf jemanden verlassen hat und an diese Person gebunden war, diese Bindung aber plötzlich zu Ende ist. Sie haben zusammen gelebt, zusammen gesprochen, zusammen gelacht, sind über die Felder gegangen, in den Bergen gewesen und an Flußläufen gewandert, und plötzlich sind Sie verlassen. Der Geist, unfähig dieses plötzliche Geschehen, diese Beraubung zu begreifen, sucht psychologischen Trost. Man geht in die Kirche, zu Gurus, liest Bücher, sieht Fußballspielen zu. Das ist alles einander ähnlich, ob es sich nun um eine religiöse Zeremonie oder um ein Fußballspiel handelt - alles ist emotionell anregend. Auf diese Weise entfliehen wir der Kernfrage, dem Verlust von etwas, das uns lieb und teuer war. Und man flieht vor der Isolation. Man wird entweder bitter oder, wenn es wirklich ein schwerer Schock war, verrückt. Oder man fällt in die Hoffnung auf Reinkarnation zurück. Und die Priester und Gurus sind nur zu bereitwillig, Ihnen Unterstützung zu gewähren. So verfängt man sich darin und ist verloren, wenn man die Wurzel des Leids weder angepackt noch verstanden hat.

Ist Leid nicht die Zusammenballung aller eigenen getrennt verlaufenden Aktivitäten im Leben? Während des ganzen Lebens engt man durch verschiedene Handlungen, Wünsche usw. diese große vielfältige Lebenskraft in einer kleinen Rinne ein. Diese kleine Rinne ist das *Ich* – mein Kampf, mein Glück, mein Leid. Diese gewaltige Lebenskraft wird in einer kleinen Wesenheit eingeengt als Herr Schmidt, Monsieur sowieso oder Signore. Und man ist sich dieses isolierenden Vorganges des täglichen Lebens niemals bewußt, des Ehrgeizes, der Aggression, des selbstsüchtigen Handelns, der Verfolgung eigener Wünsche. Das alles fördert die Einengung dieser gewaltigen Kraft in einem kleinen Punkt. Und Leid ist ein Zeichen dafür, es verstärkt dieses große Gefühl des Getrenntseins. Wir sprechen hier nicht in abstrakten Begriffen, das sind keine Theorien theologischer oder philosophischer Art. Es ist der praktische Weg, wie man die große Last ablegen kann, die der Mensch mit sich herumträgt.

Das Leid mag auch ein Zeichen dafür sein, daß Abhängigkeit und Bindung Verderben bringen. Und der Tod ist auch eine Form des Verderbens. Wir decken jetzt sachte die Ursache des Leids auf. Wenn ein anderer stirbt, kommt es zum körperlichen Schock. Wenn der Schock vorüber ist, entsteht dieses mentale, emotionelle, psychologische Gefühl äußerster, verzweifelter Einsamkeit. Verharren Sie nun ganz bei der Tatsache dieses Gefühls der Isolation. Anstatt ihm zu entfliehen, verzweifelt zu weinen, stehen Sie ganz zu der Tatsache, daß man diese Isolation selber durch verschiedene Aktivitäten herbeigeführt hat. Das Leid beginnt ursächlich nicht in dem Augenblick, in dem man jemanden verliert, nicht im Augenblick des Todes eines geliebten Menschen. Das Leid begann lange vorher. Lange vorher in dem Sinn, daß alle Ihre Handlungen zu dieser Isolation beigetragen haben, derer man sich nicht bewußt ist. So kann das Leid ein Zeichen dafür sein, was man in der

Vergangenheit getan hat.

Ist nicht die Ursache dieses isolierenden Vorganges die Vorstellung, daß man ein Individuum ist, daß man abgetrennt ist, die Erlösung durch eigene Untersuchung, durch isolierende Aktivität finden wird? Da liegt der Anfang, die Ursache. Kann diese Ursache, die der Anfang ist, aufhören? Kann es ein Handeln geben, das nicht isoliert? Solches Handeln ist nur möglich, wenn man das Wesen der Liebe versteht, nicht Liebe zu einem Guru oder zu Gott oder zu Büchern oder zu Ihrer Frau - sondern Liebe. Ein Handeln, bei dem es kein Gefühl der Eifersucht gibt. Wie kann ein Mann oder eine Frau, die aggressiv sind, wissen, was Liebe ist? Wie kann ein ehrgeiziger Mensch, der nur an sich selber, an seinem Fortschritt, seinem Glück und seiner Angst interessiert ist, wie kann er lieben? Da gibt es diese asiatische Vorstellung, die vielleicht auch hier existiert, daß man sich Gott oder der Eitelkeit eines Gurus hingeben soll. Das bedeutet, daß die Wahrheit weniger wichtig wäre als Ihre Hingabe an eine Vorstellung, die der Geist selber erschaffen hat. Ihr Guru - ob er sich selber so nennt oder nicht - ist Ihre geistige Vorstellung, ist ein selbstgeschaffenes Bild davon, was ein Guru sein sollte. Und natürlich unterstützt der Guru diese Vorstellung. Ach, wir sind alle so kindisch!

Ist Liebe Verlangen? Sagen Sie nicht nein. Es ist leicht, nein zu sagen. Es aber zu entdecken, das Wesen des Verlangens mit all seinen Bildern zu verstehen und mit diesen Bildern Schluß zu machen, hieße erkennen, daß Verlangen keine Liebe ist. Und Lust ist keine Liebe, egal ob es sich um die Lust der Gottsuche oder des Sozialdienstes oder um die der Hilfsbereitschaft handelt oder ob es

Ihre sexuelle Lust ist oder die Lust, jemand zu sein, etwas darzustellen oder ob es die Lust ist, innerlich etwas erreichen zu können, an einer Erfahrung durch Drogen, Alkohol, durch irgendeine Art hypnotischer Gegenwart Ihres Gurus festzuhalten, von einer gemachten Erfahrung nicht zu lassen. Das bereitet Ihnen Vergnügen. Und ist denn das alles Liebe?

Sind Sie als Mensch gewillt, die Last des Leids auch weiterhin zu tragen? Ein Geist, der leidet, kann niemals frei sein. Und nur ein vom Leid ganz befreiter Geist kann wissen, was Mitleid ist. Der Akt des Mitleids ist der Akt der Intelligenz. Mit Intelligenz meinen wir hier nicht die intellektuelle Fähigkeit der Unterscheidungskraft, der Überlegung, der Urteilskraft, des Abwägens. Das ist intellektuelle Fähigkeit. Der Intellekt hat seine eigene Intelligenz. Aber ich spreche von einer ganz anderen Art von Intelligenz, nicht von der gewöhnlichen intellektuellen Intelligenz, die wir alle mehr oder weniger haben, weil wir eine gute Erziehung hatten, Bücher gelesen haben, klug im Argumentieren, Diskutieren, im Austausch von Meinungen sind. Wo Mitleid ist, hat der Intellekt nur wenig anteil. Mitleid tritt ins Dasein, ohne daß Sie es einladen, wenn das Leid aufhört. Das Ende des Leids ist der Anfang der Weisheit und daher der Intelligenz.

Wenn man sich wirklich in der Tiefe damit befaßt, entdeckt man eine Kraft, die jetzt noch in idealistischem Handeln, individualistischer Verengung der Tat verzettelt wird. Das ist Kraftvergeudung, die den Geist verflacht und die die gewaltige Fähigkeit, die das Gehirn hat, immer weiter einengt und die psychologische Struktur immer oberflächlicher macht.

Mitleid geht also mit Intelligenz Hand in Hand, deren wahres Wesen sie ist. Wenn diese Intelligenz da ist, kann man logisch und vernünftig argumentieren - aber mit Mitleid.

Und das Ende ist der Tod. Wir können uns jetzt mit dem Tod befassen. Wir alle müssen ihm gegenübertreten, ob wir nun alt oder jung, verkrüppelt sind oder in großem Luxus mit viel Geld leben. Die Heiligen wie der einfache Mann, der Papst und der kleine Gemeinde-Pfarrer - alle müssen dem Tod ins Auge schauen. Selbst Marx mußte es. Die Kommunisten und die Psychologen müssen es. So wollen wir als gewöhnliche Menschen jetzt untersuchen, was der Tod ist. Nicht als Professionelle. Die berufsmäßigen Gurus, Priester, Psychologen sind bereits festgelegt, haben sich gebunden, sind schon verdorben.

Vom Beginn der Zeit an fürchtet sich die Menschheit vor dem Tod. Was heißt das: aufzuhören? Mit dem Rauchen aufzuhören, mit dem Drogennehmen aufzuhören, mit dem Trinken aufzuhören, mit dem einen oder anderen aufzuhören, es zu beenden? Beenden wir jemals etwas wirklich? Oder setzen wir dasselbe Muster nur in anderen Farben fort? Man gibt das eine Muster auf und fängt mit einem anderen an. Man geht von einem Psychologen zum nächsten, zum modernsten, der neue Leitsätze verwendet. Hört also irgendetwas in unserem Leben jemals auf? Oder setzt sich ein- und dasselbe laufend in verschiedenen Richtungen fort? Beendet man jemals etwas motivlos? Ohne Willenskraft, indem man sagt: *Ich will damit aufhören?* Haben Sie jemals etwas ganz natürlich seinlassen, was Ihnen Freude bereitet hat? Es ist leicht, etwas sein zu lassen, das schmerzlich ist. Aber wird man motivlos mit etwas aufhören, was einem viel

Vergnügen bereitet? Wird man das ohne Willenskraft tun können und ohne dabei einen Plan zu haben und diesen zu akzeptieren?

Der Tod ist ein Aufhören. Man ist z.B. an die eigene Frau, an die Freundin, an den Freund usw., an einen Glauben, an ein Dogma, an ein Ritual, an eine Theorie, an eine Erfahrung gebunden. Man hält daran fest, klammert sich daran. Wird es ein natürliches, einfaches Ende dieser Bindung geben? Ein konfliktloses Ende, ohne zu fragen: *Warum sollte ich?,* ohne Erklärungen, indem man nur aufgibt, losläßt? Werden Sie das tun? Nein. Natürlich nicht. Sagte man zu seiner Frau oder Freundin: *Tut mir leid, ich bin nicht länger an dich gebunden,* wird sie antworten: *An wen dann? Hast du eine andere?*

Entdecken Sie also während des Lebens, während des sog. Lebens mit seinen Schmerzen, ob Sie mit irgendetwas leicht, glücklich und konfliktlos aufhören können. Wenn Sie das nicht ganz natürlich können, werden Sie Angst vor dem Tod haben. Und was ist der Tod? Was ist dieser Tod, vor dem die Menschen solche Angst haben? Jeder hat Angst vor diesem Etwas, jeder will weiterbestehen, fortdauern. Die Fortdauer ist das Gewesene in modifizierter Form, aber es ist derselbe Vorgang einer ununterbrochenen Folge des Verwandelten. Das ist unser Leben: Die Arbeit, die Konflikte, die Kriege, die Not, die Verwirrung. Das ist unser Leben. Und daran klammern wir uns, was heißt, daß wir uns an unser Bewußtsein klammern, an dieses Bewußtsein, von dem wir alle denken, es unterscheide sich gänzlich von dem der anderen. Dieses Bewußtsein setzt sich aus seinen Inhalten zusammen, aus dem Glauben, den Dogmen, den Ritualen, der Kultur, dem Wissen, der Verzweiflung, der Depression, der Ungewißheit. Und das ist der ganzen Menschheit gemeinsam. Ihr Bewußtsein ist psychologisch das Bewußtsein der Menschheit. Und daran klammert sich der Geist, das Gehirn, weil er darin Sicherheit findet. Man fürchtet sich loszulassen, weil man nicht weiß, was danach geschehen wird. Deshalb ist Bindung und Verhaftetsein einer der menschlichen Bewußtseinsinhalte. Das ist unser Grundkonflikt. Der Kommunist ist seinen marxistischen Idealen verhaftet, der Katholik den seinen. Die Idealisten, die Gläubigen, die Leute mit Erfahrung halten alle daran fest. Greifen Sie ein Element Ihres eigenen Bewußtseins heraus und entdecken Sie, ob dieses enden kann. Nicht indem Sie damit ringen und sich sagen: *Ich muß damit aufhören, damit ich etwas anderes bekomme.* Hören Sie einfach damit auf. Man kann mit dem Tod nicht streiten, der das Ende ist.

Deshalb fragen wir jetzt: Gibt es eine Fortdauer des Ich, des Ego? Das Ich, das Krankheit, das Alter, Unfälle, Yoga-Lehrer durchmacht. Am Schluß sterbe ich. Die Alten in Indien haben gesagt, Ihr werdet Leben auf Leben fortdauern. Ihr werdet verschiedene Leidenszustände durchmachen und schließlich das höchste Prinzip erreichen. Das ist Fortdauer durch Reinkarnation - immer und immer wieder zu inkarnieren. Aber was ist das, welches weiterbestehen wird? Was ist das *Ich?* Ist es eine Wirklichkeit? Oder ist es etwas, das bloß zusammengefügt wurde - Ihr Name, Ihre Form, Ihre Kultur, Ihr Charakter, Ihre Abhängigkeit, Ihr Leid. Alles ist zusammengefügt. Das, was zusammengefügt wurde, kann auch wieder auseinandergenommen werden. Das, was Gedanke zusammengefügt hat - die Vorstellung vom *Ich,* das einer anderen Vorstellung entgegengesetzt ist –, kann enden. Das hat alles das Denken zusammengefügt, und wenn das Denken aufhört, löst sich das, was es zusammengefügt hat, natürlich wieder auf. Kann man also, ehe man stirbt, während des Lebens dieses Etwas auflösen? Nicht erst, wenn das Ende da ist. Das ist billig. Das ist uns allen gemeinsam. Dieses Etwas, das vom Denken als Kultur, Name, Charakter zusammengefügt wurde, ist Bewußtsein. Diese Vorstellung, die das Denken 80, 90 oder 100 Jahre lang aufgebaut hat, macht Bewußtsein aus. Dieses Bewußtsein kann mit seinem Inhalt während des Lebens enden. Und das bedeutet, daß man stirbt, während man lebt. Man wartet nicht darauf, daß der Tod am Ende kommt, sondern man lebt mit dem Tod, was ein Beenden ist. Wenn dann das da ist, kommt gewaltige Kraft.

Mit dem Ende der Ursache allen Leids kommt das Mitleid und mit diesem Intelligenz. Und noch viel weiter zu gehen bedeutet, daß die Meditation beginnt.

7. öffentliche Rede
20. Juli 1980

Unser ganzes Dasein ist mit seinen Illusionen, Symbolen, Ideen und Vorstellungen, unserem eigenen persönlichen Ehrgeiz und den mannigfachen Bindungen so sehr kompliziert. Und die Welt wird immer brutaler und wirrer, gespaltener und zerstörerischer, ohne Sinn für Moral. So ist unsere Gesellschaft wie unsere Religionen verdorben. Wenn man das alles beobachtet - und das muß man, wenn man ernsthaft ist -, fragt man sich, was man als Mensch denn machen soll. Sollen wir uns in einen exklusiven Club von Frömmlern zurückziehen und eine Art Mönche werden, uns in eine soziale Reform stürzen, der kommunistischen Partei beitreten oder andere politische Aktivitäten beginnen? Oder gibt es einen Weg, in dieser Welt ganz anders zu leben? Das ist eine große Frage, die nach einer ernsthaften Antwort verlangt.

Können wir als Menschen dieser Welt, die wir die ganze Menschheit sind, anders leben - ohne uns für eine politische Partei der Linken, der Rechten oder der Mitte einzusetzen? Können wir das, ohne einer organisierten Religion oder einem Guru anzugehören, ohne auf irgendein Ideal, System oder eine Methode festgelegt zu sein? Wenn wir es ernst damit meinen, daß wir uns nicht festlegen sollten, weil wir das Wesen aller Bindung verstanden haben, kann man dann in dieser Welt leben, seinen Unterhalt verdienen, mit anderen Menschen in Beziehung stehen und doch völlig frei sein? Weil wir vielleicht nur dann erfahren können, was Liebe ist.

Man hat vielleicht seinen Verstand trainiert, Bücher geschrieben, Vorträge gehalten, andere entweder zum Kommunismus oder religiöser Quacksalberei bekehrt, um sich dann – wenn man enttäuscht wird, wieder davon zu lösen, aber von etwas anderem eingefangen zu werden. So ist das. Es scheint, als müßte man mit Ungewißheit beginnen, um vollkommene Gewißheit und Sicherheit zu finden.

Ist es möglich, in dieser Welt motivlos zu leben? Wenn man jemanden liebt, weil er einem freundlicherweise zuhört oder man selber einen psychologischen Vorteil davon hat, dann hat diese Liebe ein Motiv und ist bereits verdorben. In diesem verdorbenen Zustand kann man sich allerlei Illusionen, alle möglichen Ideen und Ideale erschaffen. Kann man davon frei sein, damit man darüber sprechen kann, was Meditation und was Religion ist und ob es etwas Heiliges im Leben gibt, das der Mensch durch alle Zeiten sucht? Etwas, das jenseits aller Gedanken, jenseits von Zeit und dem ganzen Elend ist, das der Verstand geschaffen hat? Gibt es etwas, das unbestechlich, zeitlos und jenseits allen Denkens ist? Das sucht der Mensch seit Urzeiten. Wenn man ernsthaft ist, erkennt man, wie leer unser Leben ist, wie man sich mit allen möglichen Gewändern zu betören, mit Tagträumen, Vorstellungen und Bildern selber zu täuschen versucht. Dann wird es wichtig, daß man entdeckt, warum der menschliche Geist überhaupt Vorstellungen erzeugt, nicht nur da draußen in den Tempeln, in den Kirchen usw., sondern auch im eigenen Innern, im Geistigen. Warum machen wir uns Bilder, warum erschaffen wir Symbole, Ideen, Konzepte und leben dann diesen gemäß? Warum tut der Mensch das seit undenklichen Zeiten?

Haben Sie nicht schon beobachtet, daß sich Ihr Geist sofort ein Bild macht, sobald Sie mit jemandem in eine intime oder nicht-intime Beziehung treten? Offensichtlich hat man, wenn man hierherkommt, bereits ein Bild vom Sprecher. Man hat es, wie man ein Bild von der eigenen Frau, dem Mann usw. hat. Warum erschafft sich der Geist, der Verstand, das Gehirn diese Bilder und Vorstellungen? Es ist sehr wichtig, das zu verstehen, denn darin könnte der Grund, die Ursache dafür liegen, warum die Menschen nicht lieben. Wenn Sie sich selber beobachten, die Aktivität Ihrer Gedanken in Herz und Kopf anschauen, dann sehen Sie, daß Sie in Ihrer Beziehung ein Bild, eine Vorstellung von ihm oder ihr haben. Warum? Sie, die Sie in dieser Welt der Zersplitterung und des Durcheinanders mit Elend, Depressionen und dem allgemeinen Verfall leben, warum haben Sie ein Bild? Wenn man ein Bild von irgendetwas hat, gibt das einem Sicherheit? Man fühlt sich in dem Bild geborgen, das man sich von einem anderen macht, ist darin sicher. Aber der andere bewegt sich, lebt, strebt, drängt, und wenn man kein Bild von der Person haben darf, müssen Herz und Kopf sehr rege sein. Doch die meisten von uns sind geistig träge, benebelt, geistesabwesend und ohne Scharfsinn, Gewandtheit, Schnelligkeit. Man hört dem Sprecher zu, hat ein Bild von ihm. Das muß so sein, sonst wäre man nicht hier.

Wenn man also ein Bild hat, glaubt man zu wissen. Aber Sie kennen mich, den Sprecher, nicht, noch kennen Sie Ihre Frau, Ihren Mann, Ihren Freund. Aber Sie meinen, wenn Sie ein Bild von ihm haben, dann kennen Sie ihn. So wird durch das Bild Wissen zu einem Gefühl von Wohlbefinden, Sicherheit und Gewißheit. Das trägt zum allmählichen Verfall des Gehirns und Geistes bei, denn dann wird man träge, akzeptiert. Dann stellt man niemals die Vorstellung, die man sich macht, in Frage, zweifelt sie nicht an. So vermitteln einem auch die Vorstellungen, die das Christentum oder der Hinduismus oder der Buddhismus den Menschen auferlegt hat, ein Gefühl von Sicherheit und Wohlbefinden. Und so schwindet allmählich die große Vitalität, die das Gehirn hat dahin, und in diesem Dahinschwinden, das unbewußt ist, fühlen wir uns sicher, geborgen und traditionsbewußt.

Kann man dieses Leben leben, ohne eine einzige Vorstellung zu haben? Gibt es auch ohne eine solche Vorstellung ein Gefühl von Geborgenheit und Wohlbefinden und psychologischer Unverwundbarkeit? Gibt es einen vollkommen sicheren Zustand? Nicht jenen Zustand der Sicherheit, die durch den Verstand, durch Bilder und Symbole, durch Rückschlüsse und Ideale usw. entsteht. Diese schenken keine Sicherheit, sondern nur die Illusion, sicher zu sein. (Es ist sehr schwierig, eine solche Zusammenkunft mit so vielen Menschen zu haben, weil jeder an etwas anderes denkt. Jeder ist mit seinen eigenen Problemen, Wünschen und Absichten beschäftigt. Sie sind auf den Guru oder eine Idee festgelegt. So kommen Sie her, stimmen zu oder sind anderer Meinung und machen immer so weiter. Im gegenwärtigen Stadium der Welt fordert das Leben aber von Ihnen, daß Sie sich bewußt werden, was die Menschen tun. Sonst trägt man mit seinem eigenen Leben zu Verfall und Korruption bei.)

Ist es also Herz und Gehirn, der ganzen psychologischen Struktur des Menschen, seinem gesamten Bewußtsein möglich, sich radikal zu verändern? Unser Bewußtsein wird durch seine Inhalte bestimmt. Unser Bewußtsein ist unser Glaube, unsere Wünsche, unsere Ängste und Besorgnisse, unser Vergnügen, unsere Heuchelei und Eitelkeit, unsere Götter, unser ganzer Glaube. Und wir leben und funktionieren innerhalb dieses Bewußtseins. Ich sage nichts Seltsames. Vielleicht klingt es merkwürdig, weil Sie es zum ersten Mal hören, oder Sie haben nur etwas darüber nachgedacht, sind aber nicht tief genug eingedrungen. Sie können das Gesagte anzweifeln, aber das Gesagte bezieht sich auf das, was Sie sind. Wenn Sie sich selber, nämlich Ihr eigenes Bewußtsein anzweifeln, dann kann man geistig vielleicht über dieses Bewußtsein hinausgelangen.

Es gibt ein Gesetz natürlicher Konsequenzen, das Gesetz, welches besagt: wo eine Ursache ist, ist auch ein Ende. Das ist ein Gesetz. Sie können daran zweifeln, wenn Sie wollen, soviel Sie wollen. Aber Sie können es auch untersuchen, überprüfen und dann entdecken, daß es eine Tatsache ist. Nicht weil es der Sprecher behauptet, sondern weil Sie es in sich selber entdecken. Entweder Sie hören mit großer Aufmerksamkeit zu, daß Sie Sinn, Bedeutung und die Konsequenzen sofort erfassen, oder Sie wollen Erklärungen haben. Wenn Erklärungen einen befriedigen, sind es nur die Worte, die einen zufriedenstellen. Was nichts weiter bedeutet, als daß man einen intellektuellen Vorgang akzeptiert. Aber wenn man das Wesen des eigenen Bewußtseins zu untersuchen beginnt, stößt man auf diese Tatsache.

Nun fragt man: Kann dieses Bewußtsein seiner Inhalte entleert werden? Wenn nicht, dann bleiben Sie in den alten Daseinsmustern mit ihrer Last, ihren Grausamkeiten, Eitelkeiten und den unmöglichen Gefahren gefangen. Meditation bedeutet, sich mit dieser Frage ernsthaft zu befassen, und nicht, mit gekreuzten Beinen dazusitzen, etwas das man von Indien gelernt hat. Ich weiß wirklich nicht, warum Sie überhaupt nach Indien gehen? Es ist das gefährlichste Land. Das meine ich wirklich. Es ist für den Abendländer das gefährlichste Land, in das man gehen kann. Es ist voller Romantik, voller Wunder, die dort geschehen, so denkt Ihr. Es ist voller Gurus, die oben auf der Leiter stehen, und in ihrer Gegenwart habt Ihr das Gefühl, *ich habe etwas erreicht.* Romantik, Sentimentalität, Eitelkeit - das alles wird ermutigt.

Es gibt da eine Erzählung über einen Jungen von fünfzehn oder sechzehn Jahren. Seine Familie war sehr fromm im indisch-orthodoxen Sinn dieses Wortes. Er war ein Brahmane. Und er sagte zu seinen Eltern: *Ich verlasse Euch, weil ich die Wahrheit finden will. Ihr habt davon gesprochen, Eure Bücher erzählen davon. Ich will sie aber selber entdecken.* So geht er von einem Guru zum nächsten, von einem Lehrer zum anderen und wandert fünfzig Jahre lang durch ganz Indien. Und er findet die Wahrheit nicht. Er legt verschiedene Gewänder an, aber am Ende sagt er: *Ich habe die Wahrheit nicht gefunden, ich gehe lieber wieder zurück.* So kehrt er zurück. Und er öffnet die Tür, und da ist sie! Sie war immer da. Er konnte sie nicht finden, weil er durch die Welt wanderte. Aber sie ist immer da, nur wissen wir nicht, wie wir suchen sollen. Wir Menschen sind die Geschichte, die Menschheitsgeschichte. Aber wir wissen nicht, wie wir das Buch lesen sollen, deshalb sagen wir: *Bitte, erzähl' mir alles darüber.* Wir bitten jeden auf dieser sinnlosen Reise, uns zu sagen, wie wir lesen sollen. Dabei liegt sie vor einem.

Deshalb ist Selbsterkenntnis von größter Wichtigkeit -

nicht im Sinne eines Psychotherapeuten oder der Philosophen; denn dann schaut Ihr mit ihren Augen und könnt Euer eigenes Buch nicht lesen, das das Buch der Menschheit ist. Man sollte ohne den Schatten eines Zweifels, ohne eine Illusion, ohne das Gefühl, etwas zurückzuhalten, den ganzen Bewußtseinsvorgang, der man selber ist, beobachten. Das geht ganz leicht. Dazu braucht man nicht den Ort, an dem man ist, zu verlassen, weder nach Norden noch nach Osten, Westen oder Süden zu gehen. Aber wo man selber ist, ist es meistens nicht sehr schön, nicht sehr ermutigend, es langweilt uns ziemlich. Aber jenseits am anderen Flußufer ist es schöner, romantischer, bunter, und deshalb bauen wir eine Brücke über den Fluß. Und wenn man *drüben* angekommen ist, ist man immer doch noch *da.* Man ist immer noch derselbe – bloß drüben. Drum überqueren Sie die Brücke nicht!

Es ist also möglich, über sich selber bis zum letzten Wort und Kapitel zu lesen. Das erfordert Aufmerksamkeit und Beobachtung, keine Analyse. Man muß nur beobachten, was vor sich geht, ohne der Beobachtung eine Tendenz zu geben. Es erfordert dauernde Wachsamkeit, was die eigenen Reaktionen, Reflexe, die eigene Eitelkeit und Aggression betrifft. Spielen Sie damit! Beobachten Sie sich spielend mit Humor. Dabei lernen Sie viel mehr, als wenn Sie strebend sagen: *Ich muß mich selber erkennen.*

Deshalb müssen Geist, Gehirn und Herz von allen Illusionen befreit sein, ehe man mit der Meditation beginnen kann. Das ist klar. Wenn man täglich mit gekreuzten Beinen dasitzt und sich zu konzentrieren, den Geist an einem Punkt zu sammeln versucht, einem System folgt, dann ist man geistig immer noch in Illusionen befangen. Die Systeme, die Atemübungen verstärken nur die Illusionen, in denen man gefangen ist. Es war in Neu Delhi, wo ich oft in den Gärten spazierenging. Da kam täglich ein Mann auf seinem Fahrrad vom Büro. Es war ein armer Mann. Er pflegte das Fahrrad gegen den Baum zu lehnen, sich ruhig niederzusetzen und ein bestimmtes Mantram zu wiederholen, um sich damit in einen anderen Zustand zu versetzen. Und in diesem Zustand konnte man sehen, wie die Müdigkeit des Büros, der Familie, das tägliche Elend von seinem Gesicht allmählich verschwanden. Sein Gesicht entspannte sich völlig, weil er sich in der Hypnose seines Verlangens, seiner Rückschlüsse entspannte, bis er ganz glücklich war. Das geschah so Tag um Tag. Ich blieb damals einige Monate dort, und ich pflegte diesen Mann täglich einschließlich Sonnabend und Sonntag zu beobachten. Das war seine Droge.

Wenn man also meditiert, muß man erst ganz frei sein. Vielleicht ziehen Sie die Art der Meditation dieses Mannes vor, die viel einfacher und sehr tröstlich, aber ganz sinnlos ist. Der Geist muß ganz frei von Illusionen sein, darf kein Bild, kein Motiv haben. Illusion, Motiv, Richtung entstehen durch Wunsch und Verlangen, durch das Verlangen, den Himmel zu finden, durch das Verlangen nach Erleuchtung, nach Erfolg, nach Erfahrungen. Ich weiß nicht, warum die Menschen Erfahrungen machen wollen. Sie haben jetzt alle Arten von Erfahrungen: Terror, Sex, Gewalt, Unterdrückung, Diktatur, ob von rechts, von links oder aus der Mitte, ob kommunistisch, faschistisch oder im Religiösen. Es ist alles dasselbe. Sie wollen alle Ihren Geist formen. Sie alle wollen Sie in ein bestimmtes Denkmuster zwingen. Und wenn Sie sich weigern, kommt man entweder ins Konzentrationslager oder in eine psychiatrische Anstalt. Der Geist muß daher ganz und gar frei sein. Ehe das nicht soweit ist, meditieren Sie nicht, denn es ist sinnlos.

Von einem Fenster in Benares aus beobachtete ich einmal einen Bettler im safrangelben Gewand, dem Gewand der Sannyasis. So war er gekleidet und er war ein armer, gewöhnlicher Mann, seinem Aussehen, seiner Sprache nach nicht sehr gebildet. Er saß unter einem Baum und begann mit einem eintönigen Singsang und Geschrei. Die Vorübergehenden schauten und gingen weiter. Innerhalb einer Woche (und ich übertreibe nicht) hatte er Kränze auf seinem Kopf, die Menschen standen um ihn herum und grüßten ihn, gaben ihm zu essen, knieten fast vor ihm und sagten: *Was für ein großer Mann bist du.* Das alles geschah innerhalb von einer Woche. Die Menschen sind so leichtgläubig.

Erst wenn der Geist von diesem allen befreit ist, beginnt die Meditation. Was ist nun Meditation? Unglücklicherweise haben die sog. Gurus des Ostens dieses Wort in den Westen gebracht mit dem ganzen dahinterliegenden Unsinn und ihren Systemen. Da gibt es die tibetanische Meditationsform, die Zen Meditation, die Formen der buddhistischen und der Hindu Meditation. Und wir, die wir ziemlich leichtgläubig sind und etwas erreichen möchten, weil wir mit unserem Leben unzufrieden sind, sagen: *Gut, sag' mir, wie ich meditieren soll.* Und sie sind nur zu bereit, Ihnen für einen bestimmten Preis oder auch ohne Preis das zu sagen. Alle Systeme beinhalten tägliche Übung, was den Geist mechanisch macht. Wenn Sie sich auf ein System festlegen, verdirbt Ihr Geist. Und noch einmal: Zweifelt, fragt, entdeckt die Wahrheit! Man muß von alldem frei sein.

Was geschieht nun, wenn man frei ist? Wenn man frei von aller Festlegung, frei von Autorität, von Illusionen, Vorstellungen und Rückschlüssen ist, in was für einem Geisteszustand ist man dann? Entdecken Sie es! Es ist Ihr tägliches Leben. Wir haben so Angst davor, nichts zu sein. Unsere Kultur, unsere Erziehung, alles sagt: *Sei jemand!* entweder im Geschäftsbereich oder im Religiösen oder in der Unterhaltungsbranche oder auf dem Fußballplatz. Sei jemand! Und wenn das Bewußtsein von seinen Inhalten entleert ist, was bleibt dann? Wenn Sie mit dem Rauchen oder mit einer anderen angenehmen Gewohnheit aufhören, Ihre Bindung beenden, was bleibt dann noch? Haben wir davor Angst? Ich bin an dich gebunden. Wenn ich das beende, was bin ich dann? Wenn ich aufhöre, eitel zu sein, Schlüsse zu ziehen, an die Götter zu glauben, Sehnsucht zu haben, was geschieht dann? Machen Sie jetzt mit Ihrer besonderen Bindung Schluß, kümmern Sie sich nicht um Ihre Frau, Ihren Mann oder Ihre Freundin. Sagen Sie sich: *Gut, für diesen Augenblick will ich frei von Bindung sein.* Was geschieht dann im Geist? Fühlen Sie nicht eine gewisse Freiheit? Und ist da nicht ein Gefühl von Nichts?

Nichts, kein Ding. Nichts bedeutet: kein Ding. Das Wort *Ding* kommt vom lateinischen *res* und bedeutet: denken, Gedanke. Ding ist der Vorgang des Denkens. Denken ist ein materieller Prozeß; denn denken ist die Reaktion des Gedächtnisses, das Erfahrung und Wissen ist. Diese Erfahrung, dieses Wissen, Gedächtnis wird in den Gehirnzellen aufbewahrt und ist deshalb Materie. Das Ganze ist ein materieller Vorgang.

Wenn also kein Ding mehr da ist, bedeutet das, daß der Vorgang des Denkens aufgehört hat. Sie können fragen: *Warum sollte ich das beenden?* Sie sollten es beenden, weil die Konsequenzen der Bindung Angst, Sorge, Eifersucht, Haß, psychologische Verwundbarkeit sind, Sie dadurch eine Mauer um sich ziehen, sich dabei selber isolieren usw. Das ist eine Tatsache. Die brauchen Sie nicht anzuzweifeln. Versäumen Sie keine Zeit damit, das anzuzweifeln. Es lohnt sich nicht; denn es ist so. Und wenn Sie damit aufhören, heißt das, daß das Denken keinen anderen Vorgang mehr hat als den, sich selbst zu beenden. Das Ende des Denkens ist das Ende der Zeit; denn denken ist ein Vorgang und Zeit auch, beide sind eine Bewegung. Jede Bewegung ist meßbar. Das, was meßbar ist, ist das Ding, die Sache, die Denken und Zeit hervorbringen.

Sie messen gedanklich etwas ab, wenn Sie sagen: *Ich werde etwas werden.* Das bedeutet, ich bin nicht das, was ich sein sollte, aber ich werde es (mit der Zeit) werden. Dieses *etwas* ist eine gedankliche Projektion. Das Ideal, was immer es auch sein mag, wird vom Denken projektiert. Der gedankliche Vorgang von dem, was ist, auf das hin, was sein sollte, ist das Maß. Und in der Meditation muß alles Maß aufhören, was auch bedeutet, nicht zu vergleichen. *Ich war so, wie ich war, ehe ich zu dir, meinem Guru* – Ihrem Guru – *kam. Du hast mich in das System eingeführt, und ich übe mich darin. Wo bin ich heute, wo werde ich morgen, wo übermorgen sein?* Wie kindisch ist das alles!

Also: kein Maß, sich nicht messen! Keine Illusion, kein Bild, und der Wille muß ganz aufhören. Verstehen Sie, was für strenge Forderungen erfüllt werden müssen, um meditieren zu können? Es ist keinesfalls etwas so Einfaches, daß man sich nur mit gekreuzten Beinen so hinzusetzen braucht und in irgendeinem Unsinn versinkt. Es erfordert enorme Aufmerksamkeit und tiefe Nachforschung im eigenen Innern. Dadurch entsteht dann in Ihnen ein starkes Gefühl für Ordnung, was bedeutet, daß Sie keinen Konflikt mehr haben. Und wenn Sie an diesem Punkt angelangt sind, und hoffentlich kommen einige von Ihnen dahin – dann können wir uns mit dem befassen, was Meditation ist.

Wo Freiheit ist, ist Liebe, die weder Vergnügen noch Verlangen ist. Meditieren Sie nicht ohne diese Liebe, ohne dieses Mitleid, nicht ohne die Intelligenz, die die Freiheit begleitet! Sonst spielen Sie mit etwas sehr Gefährlichem, das sich nicht lohnt.

Ich kannte einmal einen Mann – damals war ich jünger –, der war 75 Jahre alt. Er hatte einen weißen Bart und langes Haar. Er war ein echter Sannyasi. Nachdem er ein paar Reden gehört hatte, kam er zum Sprecher und sagte: *Ich bin vor 50 Jahren von zuhause weggegangen. Ich war Richter. Eines Morgens erkannte ich, daß ich Urteile über Menschen aussprach, über Diebe, Mörder, Verbrecher, betrügerische Geschäftsleute, und ich fragte mich, über was ich eigentlich Urteile fälle. Ich weiß ja nicht einmal, was die Wahrheit ist. Deshalb kann ich auch keine Urteile aussprechen.* So rief er seine Familie zusammen und sagte: *Ich ziehe mich zurück. Ihr könnt mein ganzes Geld und Gut haben. Ich gehe alleine fort, irgendwohin, und werde meditieren, um die Wahrheit zu finden.* Nach 25 Jahren oder mehr sagte er: *Jetzt bin ich zu Ihnen gekommen, und ich erkenne, daß ich mich bisher selbst hypnotisiert habe.* Verstehen Sie, was für eine Kraft das erfordert, im Alter von 75 Jahren einzugestehen, daß er sich 50 Jahre lang hypnotisiert hat?

So sprachen wir miteinander. Und ich sage jetzt dasselbe. Ihr dürft kein Verlangen, keinen Willen, keine Ideale und Illusionen oder Vorstellungen usw. haben. Der Geist muß ganz frei sein. Dann stellt sich Liebe ein, die unvergänglich, unbestechlich ist. Denn Liebe ist nicht Bindung. Dann könnt Ihr mit der Meditation beginnen. Dann ist Meditation die einfachste Form der Beobachtung, reiner, unverfälschter Beobachtung. Der Geist kann nur dann beobachten, wenn er ganz still ist. (Zuggeräusch) Wenn Ihr auf dieses Geräusch des vorbeifahrenden Zuges achtet und ganz still dabei seid, dann dringt dieses Geräusch nicht in diese so beschaffene Stille ein. Ob Sie das verstehen? Wenn Sie noch niemals so etwas getan haben, sind es nur Worte, Theorien. Um so rein beobachten zu können, müssen Geist, Körper, der ganze Organismus und das psychologische Gefüge vollkommen still - nicht beherrscht - sein. Sobald Sie sich beherrschen, stellt sich Widerspruch ein.

(Das ist alles so offensichtlich). Der Widerspruch muß aufhören, deshalb sollte man sich überhaupt nicht beherrschen. Das ist eine gefährliche Aussage, die ich da mache, aber erkennen Sie doch, was darin steckt. Erkennen Sie die darin liegende Bedeutung: Wenn man sich zügelt, gibt es immer zwei Wesen, nämlich das eine, welches das andere beherrscht, das es selber geschaffen hat. Das heißt: Ich beherrsche mein Verlangen. Das bedeutet, ein Teil zügelt den anderen Teil, den man Verlangen nennt. So kommt es zum Zwiespalt zwischen dem, der beherrscht, und jenem, der beherrscht wird. Deshalb muß in jeder Spaltung Widerspruch sein. Sie sagen: *Heute habe ich meine Beherrschung verloren, aber morgen wird das anders sein,* und Sie werden daran arbeiten, Ihren Willen und Fähigkeiten einsetzen. Wenn Sie ohne Widerspruch leben wollen, muß der Sinn für Beherrschung aufhören. Erkennen Sie doch die Schönheit, die darin liegt.

Der Geist ist ganz still. Es gibt verschiedene Arten der Stille. Wenn der Zug vorübergefahren ist, ist es auf ganz bestimmte Weise still. Und da ist auch die Stille, wenn das Denken sagt: *Ich muß still sein.* Es gibt die Stille zwischen zwei Geräuschen. Musik ist die Stille zwischen den Tonfolgen. Es gibt die Stille des Waldes, in dem ein gefährliches Tier, ein Tiger, herumschleicht. Dann ist der ganze Wald wie gelähmt, still. Diese Stille wird nicht vom Denken herbeigeführt. Es ist absolute, keine relative Stille. Wenn der Geist an diesem Punkt angelangt ist, kann man fragen: Gibt es im Leben irgendetwas Heiliges, das nicht das Denken erschaffen hat?

Die Bibel und die Bilder, das Kreuz, der Weihrauch, der Altar, die Hostie hat alles das Denken zusammengefügt. Ist das heilig? Zweifelt es an, entdeckt es! Der Mensch möchte seit jeher etwas finden, das jenseits von Zeit und Denken liegt. Und während er danach sucht, wird er eingefangen. Es gibt zuviele Fallen und Versuchungen. Man geht los, um die Schönheit oder die Heiligkeit des Lebens zu finden, das Absolute, Liebe, die unbestechlich ist, zu entdecken. Dann kommt jemand und sagt: *Folge dem. Dann wirst du es finden.* Und so wird man darin gefangen. Dann wird man enttäuscht, man schreibt darüber, zerreißt alles und fängt mit etwas anderem an.

Gibt es also überhaupt etwas Heiliges? Offenbar nicht in den Tempeln und Kirchen. Das ist alles vom Denken zusammengefügt, und das Denken ist nicht heilig. Deshalb fragen wir: ob es für den befreiten Geist, der über diese großartige Eigenschaft von Mitleid verfügt, das von Intelligenz begleitet wird, ob es für solchen Geist etwas Heiliges gibt. Wenn der Sprecher jetzt sagt: *Ja, das gibt es,* dann gibt es das nicht. Das wahre Wesen dieser großen Liebe, Schönheit und Wahrheit liegt eben nicht in jenen Worten.

Meditation ist vollkommene Freiheit und absolute Stille des Geistes. Solche Freiheit wird sich Ihnen offenbaren durch reine Beobachtung, durch die Beobachtung, ob es etwas Unsterbliches, Ewiges, jenseits von Zeit und Raum gibt. Sie werden es entdecken. Es liegt für jenen Geist bereit, der fähig ist, es zu erreichen.

Weitere Bücher von Krishnamurti

Das Tor zu Neuem Leben

Das ICH und die Gesellschaft – Der Tod gehört zum Leben – Grundlagen der Meditation – Der religiöse Mensch – Diskussionsgespräche.

In Kommunion mit dem Leben

Das Problem der Freiheit – Aufhebung aller Probleme – Kommunion – Mutation – Lebensangst – Der Quell des Lebens – Vollkommenes Handeln – Einheit von Leben und Tod – Der Abgrund des Schweigens – Ware Religiösität.

Werke von Julio Roberto

Briefe der Freude
Briefe der Hoffnung
Briefe der Liebe
Briefe eines Freundes
Briefe an mich selbst
Briefe der Jugend
Briefe an die Frau

Mit diesen Mini-Büchlein schenkt Julio Roberto Ihnen nicht nur viel Freude, sondern auch einiges zum Nachdenken. Auf jeder Seite erwartet Sie eine stimmungsvolle, auf den Inhalt abgestimmte Farbzeichnung und ein Text, wie er nur aus der Feder dieses Philosophen und Dichters fließen kann.